例題（125 ページ）

write / notebook

問題例 A（128 ページ）

child / push

問題例 B（133 ページ）

near / building

問題例 C（138 ページ）

bicycle / on

問題例 D（143 ページ）

box / to

問題例 E（148 ページ）

tickets / from

問題例 F（153 ページ）

luggage / because

第3章　練習テスト

Speaking Test 練習テスト 1 Question 3（220 ページ）

Speaking Test 練習テスト 1 Question 4（221 ページ）

Speaking Test 練習テスト 2 Question 3 (226 ページ)

Speaking Test 練習テスト 2 Question 4 (227 ページ)

Writing Test 練習テスト 1 Question 1 (244 ページ)

woman / look

Writing Test 練習テスト 1 Question 2 (245 ページ)

bicycle / in front of

Writing Test 練習テスト 1 Question 3 (246 ページ)

envelope / desk

map / because

Writing Test 練習テスト 1 Question 5 (248 ページ)

talk / while

Writing Test 練習テスト 2 Question 1（252 ページ）

man / wait

Writing Test 練習テスト 2 Question 2（253 ページ）

woman / directions

Writing Test　練習テスト 2　Question 3（254 ページ）

plane / arrive

Writing Test　練習テスト 2　Question 4（255 ページ）

work / until

Writing Test 練習テスト 2 Question 5 (256 ページ)

gather / so that

公式 TOEIC®
Speaking & Writing
ガイドブック

一般財団法人 国際ビジネスコミュニケーション協会

音声ダウンロード(無料)のご案内

下記の二次元バーコードまたは URL から、音声ダウンロードに関するページにアクセスし、記載の手順に従って音声ファイルをダウンロード・再生してください。

https://iibc.me/dl_audios

はじめに

　TOEIC® Speaking & Writing Tests（以下、TOEIC® S&W）は、スピーキングとライティングという英語での発信力を直接的に測定・評価する必要性の高まりに応え、TOEIC® Program の各テストを開発・制作する非営利テスト開発機関、ETS が開発しました。

　TOEIC® Listening & Reading Test と TOEIC® S&W の両方を受験することで、英語でのコミュニケーションを効果的に行うために必要なリスニング、リーディング、スピーキング、ライティングの力を測定することができます。

　ETS は教育研究に携わる機関として、米国における公共テストの多くを開発・制作、実施するとともに、教育分野における調査研究など幅広い活動を行っています。

　本書は、2006 年 11 月に『TOEIC® スピーキングテスト / ライティングテスト 公式ガイド』というタイトルで発行された書籍を、内容を一部改訂して『公式 TOEIC® Speaking & Writing ガイドブック』と改題し、刊行したものです。

　本書の冒頭には TOEIC® S&W の全体的な説明と実施方法、問題形式の解説などを掲載しています。「第 1 章 Speaking Test サンプル問題」「第 2 章　Writing Test サンプル問題」では、開発時に実施したリサーチテストの解答例とそれに対する講評を採点スケール別に紹介し、採点ポイントについても詳述しています。さらに「第 3 章　練習テスト」では、TOEIC® Speaking Test と TOEIC® Writing Test をそれぞれ 2 回分ずつ収めてあり、本番のテストのための予行演習としてお使いいただけます。本書の音声は、音声ファイルをダウンロードして聞くことができます。

　TOEIC® S&W を受験される皆さまが、本書を通じてテストへの理解を深め、受験の際に実力を十分に発揮されることを願っております。

2022 年 12 月
一般財団法人 国際ビジネスコミュニケーション協会

目　次

第 1 章　Speaking Test　サンプル問題 …………… 17

本書の使い方

　本書には TOEIC® Speaking & Writing Tests（以下、TOEIC® S&W）のサンプル問題と、練習テスト2回分が収められています。また、サンプル問題には、問題例・解答例・ETS による講評が掲載されています。まずは第1章、第2章の「サンプル問題」で問題形式と採点のポイントを把握し、解答例と講評に目を通し、その後、第3章の「練習テスト」で実際に問題に取り組んでいただくと効果的です。

第1章　Speaking Test　サンプル問題　（→ 17 ページ）
第2章　Writing Test　サンプル問題　　（→ 123 ページ）

　第1章、第2章は TOEIC® S&W で出題される問題形式を理解するための章です。Speaking Test で出題される5つの問題形式、Writing Test で出題される3つの問題形式を紹介しています。それぞれの問題形式のサンプル問題は以下の内容で構成されています。

● 問題の概要

　　各問題形式のサンプル問題のはじめに、出題される設問の数、準備・解答時間、課題内容、解答のポイントなどをまとめています。ここではまず、どのような問題が出題されるのかを把握しましょう。

● 留意点／例題／例題の解き方

　　例題とともに、本番のテストに向けてどのような準備をすればよいかという留意点（Speaking Test）、または例題に基づいて設問にどのように取り組んだらよいかという解き方（Writing Test）が具体的に書かれています。ここに書かれている事柄を心にとめて、以降の問題例や講評を確認してください。

● 採点ポイント

　　TOEIC® S&W では、問題形式ごとに設定されている採点のポイントが異なります。そのため、各々の問題では何が評価されるのかをあらかじめ把握することにより、効率よくテストの受験準備をすることが可能になります。

● 問題例／解答例・講評（採点スケール別）

　　各問題例にはテスト開発時に実施したリサーチで受験者から集めた解答例が付いています。解答例は実際に ETS の採点者によって採点され、採点スケール別に掲載されています。各解答例には ETS による講評も付いているので、解答例を聞いたり読んだりした上で講評を読めば、各採点スケールにおけるポイントをより具体的に知ることができます。

第3章 練習テスト (→ 217 ページ)

　第3章では、練習テスト2回分を収録しています。第1章、第2章で問題形式を把握した後に、1回分の練習テストに通しで取り組むのもよいですし、問題形式を選んで重点的に取り組むのもよいでしょう。練習テストにはETS が制作した模範解答例と解説が付いています。より高いスコアを目指す上での参考としてください。

. . . .

　本書はスピーキングとライティングの教材であるという特性から、読者の方が問題を解いてご自身で答え合わせをする、という活用方法は想定しておりません。代わりに、TOEIC® S&W の各採点スケールのレベルを把握していただけるように、採点ポイントと解答例、講評を多数掲載しています。第1章、第2章にある各問題形式の「採点ポイント」を参照し、ご自身の解答を各採点スケールの解答例と比較することで、ご自身の解答に対する採点の目安を立てることもできるでしょう。

　※ 本書で掲載している解答例にはそれぞれ採点スケールが付いていますが、実際のテスト結果には各問題についての採点は表示されません。テストのスコアは各項目のスケールの合計に統計的処理を施し、0点〜200点に変換されたものとなります。

　※ 音声ファイルに収録された解答例の音声は、開発時に実施したリサーチで受験者が解答した音声をそのまま使用しておりますので、雑音が混じる箇所や、音量が一定でない部分が含まれています。ご了承ください。

TOEIC® Speaking & Writing Tests について

● **パソコンを利用して受験する**

TOEIC® Speaking & Writing Tests では、パソコンを利用して音声を吹き込んだり文章を入力して解答します。

<テストの様子（イメージ）>

● **測定する能力**

Speaking Test

1. 英語のネイティブスピーカーや英語に堪能なノンネイティブスピーカーに理解しやすい言葉で話すことができる
2. 日常生活において、また仕事上必要なやりとりをするために適切に言葉を選択し、使うことができる（例えば、指示を与えたり受けたり、情報や説明を求めたり与えたり、購入、挨拶、紹介ができるなど）
3. 一般的な職場において、筋道の通った継続的なやりとりができる

Writing Test

1. 平易な文でも複雑な文でも、適切な語彙・語句を使用し、文法的に正しい文を作成できる
2. 簡単な情報、質問、指示、話などを伝えるために複数の文で構成される文章を作成することができる
3. 複雑な考えを表すために、状況に応じて理由、根拠、詳しい説明などを述べながら、複数の段落から構成される文章を作成することができる

● **特定の分野に関する特殊な知識は不要**

問題には一般的な場面やビジネスの場面が採用されています。特殊なビジネス英語や特定の業界・分野の知識を必要とする問題、特定の国の歴史や文化に関連する、固有の事象がわからなければ解答できない問題などは含まれていません。

公式認定証

テスト終了後、30日以内に「Official Score Certificate（公式認定証）」が各受験者宛に発送されます。

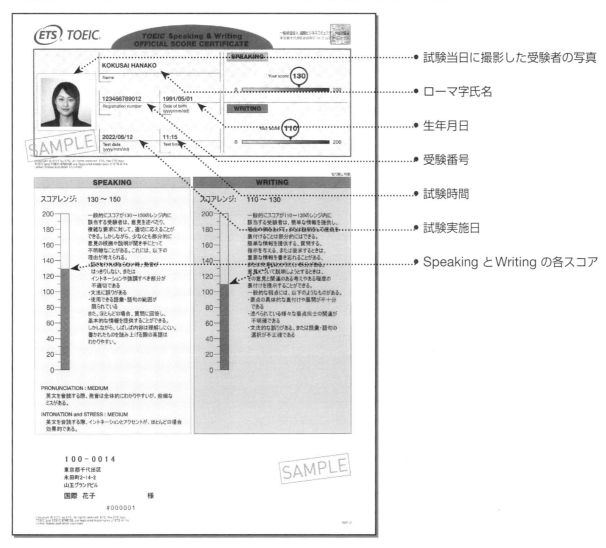

- 試験当日に撮影した受験者の写真
- ローマ字氏名
- 生年月日
- 受験番号
- 試験時間
- 試験実施日
- Speaking と Writing の各スコア

※公式認定証は公開テストの受験者のみに発行されます。
※上記はイメージであり、実際の色・デザイン・文言は異なる場合があります。
※受験者データやスコアが記載されている部分は切り取り、企業・学校などにご提出いただくことが可能です（上部のスコア部分のみの提出が求められるか、下部の評価部分も含めての提出が求められるかは、企業・学校などの団体によって異なります）。

各スコアは0点〜200点の10点刻みで表示されます。スコアをもとにした評価がScore Range Descriptors（スコアレンジ別評価）として、Speaking Testでは8段階、Writing Testでは9段階で表示されます。さらに、Speaking Testでは、「Pronunciation（発音）」、「Intonation（イントネーション）とStress（アクセント）」についてもそれぞれ3段階で表示されます。
Score Range Descriptors（スコアレンジ別評価）の詳細な一覧表は、p.14-16および公式サイトでご覧いただけます。

採点の信頼性

TOEIC® S&W のように人によって採点されるテストでは、結果の信頼性・一貫性が何よりも重要です。ETS ではテスト結果の信頼性・一貫性を維持するために、厳格な方法で採点者の採用や結果の管理を行い、テストの品質向上に努めています。詳しくは公式サイトをご覧ください。

TOEIC® Speaking & Writing Tests の構成と受験手順

Speaking Test の問題形式

● 問題数　　：計11問
● テスト時間：約20分

≪テストの構成≫

内容	問題数	準備時間	解答時間	課題概要	評価基準	採点スケール
Read a text aloud（音読問題）	2（Q1-2）	各問45秒	各問45秒	アナウンスや広告などの内容の、短い英文を音読する	●発音 ●イントネーション、アクセント	0〜3
Describe a picture（写真描写問題）	2（Q3-4）	各問45秒	各問30秒	写真を見て内容を説明する	上記の事柄すべてに加えて ●文法 ●語彙 ●一貫性	0〜3
Respond to questions（応答問題）	3（Q5-7）	各問3秒	15秒または30秒	身近な問題について、電話でのインタビューや問い合わせに答えるなどの設定で、3つの質問に答える	上記の事柄すべてに加えて ●内容の妥当性 ●内容の完成度	0〜3
Respond to questions using information provided（提示された情報に基づく応答問題）	3（Q8-10）	45秒＋各問3秒	15秒または30秒	提示された資料や文書（スケジュールなど）に基づいて、3つの質問に答える（Q10は質問が2度読み上げられる）	上記の事柄すべて	0〜3
Express an opinion（意見を述べる問題）	1（Q11）	45秒	60秒	あるテーマについて、自分の意見とその理由を述べる	上記の事柄すべて	0〜5

※試験中はヘッドセット（ヘッドホンとマイクのセット）を装着します。出題される各問題のディレクション（解答方法）はすべて英語で、画面に表示されるか音声で流れます。その指示に従って解答してください。なお、問題形式・問題文・名称などは変更になることがあります。

● 採点方法

解答はデジタル録音され、ETSの認定を受けた採点者によって採点されます。
各項目のスケールの合計に統計的処理を施し、0〜200点のスコアに変換します。

Writing Testの問題形式

● 問題数　　：計8問
● テスト時間：約60分

≪テストの構成≫

内容	問題数	解答時間	課題概要	評価基準	採点スケール
Write a sentence based on a picture (写真描写問題)	5 (Q1-5)	5問で8分	与えられた2つの語(句)を使い、写真の内容に合う1文を作成する	●文法 ●写真と文の関連性	0～3
Respond to a written request (Eメール作成問題)	2 (Q6-7)	各問10分	25～50語程度のEメールを読み、返信のメールを作成する	●文章の質と多様性 ●語彙 ●構成	0～4
Write an opinion essay (意見を記述する問題)	1 (Q8)	30分	提示されたテーマについて、自分の意見を理由あるいは例とともに記述する	●理由や例を挙げて意見を述べているか ●文法 ●語彙 ●構成	0～5

※出題される各問題のディレクション(解答方法)はすべて英語で画面に表示されます。その指示に従って解答してください。なお、問題形式・問題文・名称などは変更になることがあります。

※Writing Testには音声による問題はないため、ヘッドセットを装着する必要はありません。

● 採点方法

解答はSpeaking Testと同様にETSの認定を受けた採点者によって採点されます。
各項目のスケールの合計に統計的処理を施し、0～200点のスコアに変換します。

TOEIC® Speaking Test

2016年1月より、Speaking Testのみを受験できるTOEIC® Speaking Testを開始しました。
詳しくはIIBC公式サイトをご確認ください。

https://www.iibc-global.org

**受験申し込みから
当日までの流れ**

申し込みはオンラインのみとなります。

① 日程確認

IIBC 公式サイトで試験日、受験時間、会場などを確認しましょう。
https://www.iibc-global.org

② 申し込み

申し込み期間内に公式サイトから受験の申し込みをします。会員登録（無料）がお済みでない方は、会員登録後に申し込みをしてください。

③ 受験案内メールが届く

申し込み完了後に自動配信される「受験案内」メールをご確認ください。試験日の数日前にもお知らせメールが届きます。受験票はありません。

④ 受験準備

テスト内容を理解し、問題形式に慣れるためには、公式教材が最適です。ぜひご活用ください。

⑤ 受験当日

本人確認書類など必要書類を忘れずに持参しましょう。日頃の学習の成果を発揮してください。

テスト当日の流れ

① 指定の時間に試験会場へお越しください。**写真付の本人確認書類**を持参してください。受験票はありません。

② 試験官から注意事項の説明があります。会場によっては、荷物をロッカーなどに預けるように指示される場合もあります。

③ 受付開始後、ご本人の確認と写真撮影を行います（この写真は公式認定証に印刷されます）。

④ 試験官に座席へ案内されます。「受験のしおり」を見ながら、画面の案内に従って受験の準備を始めてください。
試験開始は一斉ではありません。**着席後、順次試験を開始**していただきます。

★ 受験の際の注意事項

- テスト当日に会場で渡される「受験のしおり」に、注意事項について詳細が記載されております。「受験のしおり」は公式サイトでもご確認いただけます。
- 2019 年 6 月 9 日（日）実施の公開テストから、TOEIC® Speaking & Writing Tests、TOEIC® Speaking Test において、テスト中にメモを取ること（Note Taking）が可能になりました。メモは試験会場で ETS の指定用紙を配布し、試験終了後は回収いたします。
- Speaking Test では、マイク部分やコードに触れずに受験してください。触れると、雑音が入ったり、録音ができなくなる可能性があります。
- 問題形式により、画面の進行が異なる場合があります。「受験のしおり」や、テスト中に表示される Directions をよくご確認ください。

＊申し込みや当日の流れは予告なく変わることがあります。

受験申し込みの前に必ず IIBC 公式サイトで最新の情報をご確認ください。

IIBC 公式サイト
https://www.iibc-global.org

一般財団法人 国際ビジネスコミュニケーション協会
TEL：03-5521-6033
（土・日・祝日・年末年始を除く 10:00 〜 17:00）

※**団体特別受験制度**（IP：Institutional Program）
企業・団体・学校などで任意に日時・場所を設定しご受験いただく制度です。
詳細は、ご担当者よりお問い合わせください。

Score Range Descriptors（スコアレンジ別評価一覧表）

	スピーキング
スコア 190〜200	一般的にスコアが190-200のレンジ内に該当する受験者は、一般の職場にふさわしい継続的な会話ができる。意見を述べたり、複雑な要求に応えたりする際の話の内容は大変わかりやすい。基本的な文法も複雑な文法もうまく使いこなし、正確で的確な語彙・語句を使用している。 また、質問に回答し、基本的な情報を提供することができる。 発音、イントネーション、強調すべき部分がいつも大変わかりやすい。
スコア 160〜180	一般的にスコアが160-180のレンジ内に該当する受験者は、一般の職場にふさわしい継続的な会話ができる。的確に意見を述べたり、複雑な要求に応えることができる。長い応答では、以下の弱点が一部現れることがあるが、意思の伝達を妨げるものではない。 ● 発音、イントネーションにわずかだが問題があり、話すとき、躊躇することがある ● 複雑な文法構造を使うときにいくつか誤りがみられることがある ● 不正確な語彙・語句の使用がいくつかみられることがある また、質問に回答し、基本的な情報を提供することができる。 書かれたものを読み上げる際の英語は大変わかりやすい。
スコア 130〜150	一般的にスコアが130-150のレンジ内に該当する受験者は、意見を述べたり、複雑な要求に対して、適切に応えることができる。しかしながら、少なくとも部分的に意見の根拠や説明が聞き手にとって不明瞭なことがある。これには、以下の理由が考えられる。 ● 話さなければならない時、発音がはっきりしない、またはイントネーションや強調すべき部分が不適切である ● 文法に誤りがある ● 使用できる語彙・語句の範囲が限られている また、ほとんどの場合、質問に回答し、基本的な情報を提供することができる。しかしながら、しばしば内容は理解しにくい。 書かれたものを読み上げる際の英語はわかりやすい。
スコア 110〜120	一般的にスコアが110-120のレンジ内に該当する受験者は、ある程度、意見を述べる、または複雑な要求に応えることができる。ただし、応答には以下のような問題がみられる。 ● 言葉が不正確、あいまい、または同じ言葉を繰り返し述べている ● 聞き手の立場や状況をほとんど、またはまったく意識していない ● 間が長く、躊躇することが多い ● 考えを表現すること、またいくつかの考えを関連づけて表現することに限界がある ● 使用できる語彙・語句の範囲が限られている また、ほとんどの場合、質問に回答し、基本的な情報を提供することができる。しかしながら、しばしば内容は理解しにくい。 書かれたものを読み上げる際の英語は概ねわかりやすいが、自らが考えて話をするときは、発音、イントネーション、強調すべき部分に時々誤りがある。
スコア 80〜100	一般的にスコアが80-100のレンジ内に該当する受験者は、意見を述べる、または複雑な要求に応えようとするが、うまくいかない。1つの文のみ、または文の一部のみで応答することがある。このほかに、以下のような問題がみられる。 ● 回答がとても短い、または長くてもほとんどの部分が理解しにくい ● 聞き手の立場や状況をほとんど、またはまったく意識していない ● 発音、イントネーション、強調すべき部分に常に問題がある ● 間が長く、躊躇することが多い ● 語彙・語句が非常に限られている また、ほとんどの場合、質問に答えることも、基本的な情報を提供することもできない。 書かれたものを読み上げる際の英語はわかりやすい場合もあるが、わかりにくい場合もある。自らが考えて話をするときは、発音、イントネーション、強調すべき部分に問題が多い。 「PRONUNCIATION」、「INTONATION and STRESS」の評価内容もご確認ください。
スコア 60〜70	一般的にスコアが60-70のレンジ内に該当する受験者は、若干の支障はあるものの簡単なことは言える。ただし、その意見の裏付けを述べることはできない。複雑な要求に対する応答は、非常に限られている。 また、ほとんどの場合、質問に答えることも、基本的な情報を提供することもできない。 語彙・語句または文法が不十分なため、簡単な描写をすることもできない。 書かれたものを読み上げる際の英語は理解しにくいことがある。 「PRONUNCIATION」、「INTONATION and STRESS」の評価内容もご確認ください。
スコア 40〜50	一般的にスコアが40-50のレンジ内に該当する受験者は、意見を述べることも、意見の裏付けを述べることもできない。複雑な要求に応えることもできない、また、まったく的外れな応答をする。 質問に答える、基本的な情報を提供するなど、社会生活や職業上の日常的な会話も理解しにくい。 書かれたものを読み上げる際の英語は理解しにくいことがある。 「PRONUNCIATION」、「INTONATION and STRESS」の評価内容もご確認ください。

スコア 0〜30	一般的にスコアが 0-30 のレンジ内に該当する受験者は、スピーキングのかなりの部分に回答していない。テストのディレクションや設問の内容を理解するのに必要な英語のリスニング、またはリーディング能力に欠ける。

スピーキング Pronunciation （発音）	
[3] HIGH	英文を音読する際、発音はとてもわかりやすい。
[2] MEDIUM	英文を音読する際、発音は全体的にわかりやすいが、些細なミスがある。
[1] LOW	英文を音読する際、発音は全体的にわかりにくい。

スピーキング Intonation and Stress （イントネーションとアクセント）	
[3] HIGH	英文を音読する際、イントネーションとアクセントが、とても効果的である。
[2] MEDIUM	英文を音読する際、イントネーションとアクセントが、ほとんどの場合効果的である。
[1] LOW	英文を音読する際、イントネーションとアクセントが、ほとんどの場合効果的ではない。

ライティング	
スコア 200	一般的にスコアが 200 に該当する受験者は、簡単な情報を的確に伝達することができ、理由や例をあげて、または説明をして、意見を裏付けることができる。 簡単な情報を提供する、質問する、指示を与える、または要求するときは、明確で、一貫性のある、的確な文章を書くことができる。 理由や例をあげたり、または説明をして意見を裏付けるなどして、よくまとまった、十分に展開された文章を書くことができる。さまざまな構文や適切な語彙・語句を使い、自然な英語を書くことができる。文法も正確である。
スコア 170〜190	一般的にスコアが 170-190 のレンジ内に該当する受験者は、簡単な情報を的確に伝達することができ、理由や例をあげて、または説明をして、意見を裏付けることができる。 簡単な情報を提供する、質問する、指示を与える、または要求するときは、明確で、一貫性のある、的確な文章を書くことができる。 さらに、理由や例をあげて、または説明をして、意見を裏付けるときは、概ね上手な文章を書くことができる。概ねよくまとまった文章で、さまざまな構文や適切な語彙・語句を使用している。ただし、以下の弱点の１つがみられることがある。 • 時折、同じ考えを不必要に繰り返す、または述べられている様々な考え同士の関連が不明確である • 文法上の小さな誤りがある、または語彙・語句の選択が不正確である
スコア 140〜160	一般的にスコアが 140-160 のレンジ内に該当する受験者は、簡単な情報を提供する、質問をする、指示を与える、または要求することが的確にできるが、理由や例をあげて、または説明をして、意見を裏付けることは部分的にしかできない。 簡単な情報を提供する、質問する、指示を与える、または要求するときは、明確で、一貫性のある、的確な文章を書くことができる。 意見について説明しようとするときは、その意見と関連のある考えやある程度の裏付けを提示することができる。一般的な弱点には、以下のようなものがある。 • 要点の具体的な裏付けや展開が不十分である • 述べられている様々な要点同士の関連が不明確である • 文法的な誤りがある、または語彙・語句の選択が不正確である
スコア 110〜130	一般的にスコアが 110-130 のレンジ内に該当する受験者は、簡単な情報を提供し、理由や例をあげて、または説明をして意見を裏付けることは部分的にはできる。 簡単な情報を提供する、質問する、指示を与える、または要求するときは、重要情報を書き忘れることがある、または文章にわかりにくい部分がある。 意見について説明しようとするときは、その意見と関連のある考えやある程度の裏付けを提示することができる。一般的な弱点には、以下のようなものがある。 • 要点の具体的な裏付けや展開が不十分である • 述べられている様々な要点同士の関連が不明確である • 文法的な誤りがある、または語彙・語句の選択が不正確である

スコア 90～100	一般的にスコアが 90-100 のレンジ内に該当する受験者は、簡単な情報を提供することは部分的にはできるが、理由や例をあげて、または説明をして意見を裏付けることはほとんどの場合、できない。 簡単な情報を提供する、質問する、指示を与える、または要求するときは、重要な情報を書き忘れることがある、または文章にわかりにくい部分がある。 意見について説明しようとするときは、コミュニケーションの障害となる以下のような重大な弱点がみられる。 ● 意見を裏付ける例、説明、詳細が不十分である、または不適切である ● 考えを述べる構成がよくない、または考え同士の関連が不十分である ● 考えが十分に展開されていない ● 重大な文法的誤りがある、または語彙・語句の選択が不正確である
スコア 70～80	一般的にスコアが 70-80 のレンジ内に該当する受験者は、意見を述べ、簡単な情報を提供する能力の発展段階にあり、コミュニケーションができることは限られている。 簡単な情報を提供する、質問する、指示を与える、または要求するときは、以下の理由で、課題を完全に達成することができない。 ● 情報が欠けている ● 文章と文章のつながりが欠けている、またはあいまいである あるいは（そして） ● 文法的誤りが多い、または語彙・語句の選択が不正確である 意見について説明しようとするときは、コミュニケーションの障害となる以下のような重大な弱点がみられる。 ● 意見を裏付ける例、説明、詳細が不十分である、または不適切である ● 考えを述べる構成がよくない、または考え同士の関連が不十分である ● 考えが十分に展開されていない ● 重大な文法的誤りがある、または語彙・語句の選択が不正確である このレンジ内に該当する受験者は、文法的に正確な文章を作成するのに必要なある程度の能力を有しているが、一貫性に欠ける。
スコア 50～60	一般的にスコアが 50-60 のレンジ内に該当する受験者は、意見を述べ、簡単な情報を提供する能力が限られている。 簡単な情報を提供する、質問する、指示を与える、または要求するときは、以下の理由で、課題を完全に達成することができない。 ● 情報が欠けている ● 文章と文章のつながりが欠けている、またはあいまいである あるいは（そして） ● 文法的誤りが多い、または語彙・語句の選択が不正確である 意見を説明しようとすると、以下の重大な欠陥が 1 つもしくは複数以上みられる。 ● 無秩序な構成と不十分な展開 ● 詳細情報の欠落、または関連の欠如 ● 文法的誤りの頻発、または不正確な語彙・語句の選択 このレンジ内に該当する受験者は、文法的に正確な文章を作成するのに必要なある程度の能力を有しているが、一貫性に欠ける。
スコア 40	一般的にスコアが 40 に該当する受験者は、意見を述べ、簡単な情報を提供する能力がかなり限られている。 特有の弱点には、以下が含まれる。 ● 重要な情報がまったく含まれていない ● 記述された事柄同士につながりがない、またはあいまいである ● 文法的誤りが頻発する、または語彙・語句の選択が不正確である 意見を説明しようとすると、以下の重大な欠陥が 1 つもしくは複数以上みられる。 ● 無秩序な構成と不十分な展開 ● 詳細情報の欠落、または関連の欠如 ● 文法的誤りの頻発、または不正確な語彙・語句の選択 このスコアに該当する受験者は、文法的に正確な文章を作成することができない。
スコア 0～30	一般的にスコアが 0-30 のレンジ内に該当する受験者は、ライティングのかなりの部分に回答していない。 テストのディレクションや設問の内容を理解するのに必要な英語のリーディング能力に欠ける。

第1章
Speaking Test　サンプル問題

【各問題の構成】

  1. 問題の概要

  2. 留意点

  3. 例題

    ＊第1章に掲載されている「例題」と下の「問題例」の音声には、「準備時間」と「解答時間」のポーズは含まれていません。これらも含めた実際のテストの時間感覚を確認するには、第3章「練習テスト」の Speaking Test に挑戦してみましょう。

  4. 採点ポイント

  5. 問題例 A、B

  6. 採点スケール別　問題例の解答例・講評

    ＊解答例は、テスト開発時に実施したリサーチで受験者が解答したものをそのまま収録しています。したがって、文法や発音に誤りのある解答例や、音声の品質に難があるものも含まれておりますので、ご了承ください。

Read a text aloud

Questions 1-2

音読問題

問題の概要

設問数　　2問

準備時間　各問 45 秒

解答時間　各問 45 秒

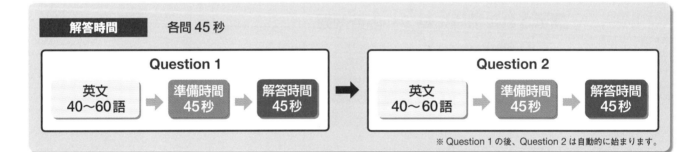

Question 1
英文 40～60語 → 準備時間 45秒 → 解答時間 45秒

Question 2
英文 40～60語 → 準備時間 45秒 → 解答時間 45秒

※ Question 1 の後、Question 2 は自動的に始まります。

課題内容　パソコン画面上に出る短い英文を音読する。
▶ 英文の題材は、お知らせ、コマーシャル、説明など。

解答のポイント
① 英語のネイティブスピーカーにも、英語に堪能なノンネイティブスピーカーにも わかりやすく英文を読めるか。
② 英語らしい発音とリズムで読めるか。

高スコアの条件
① わかりやすい発音。
② 自然なイントネーション・アクセント。
③ 言葉が明瞭で、英語でアナウンスをしているように聞こえること。

留意点

■ テスト中の留意点 ■

▶ 準備時間の使い方 ◀

英文に目を通し、発音が難しそうな語を確認しておきます。また、どこに抑揚やアクセントをつければより英語らしく聞こえるかをチェックしましょう。

▶ アナウンサーらしく読む ◀

ラジオやテレビのアナウンサーになったつもりで英文を読みましょう。

■ テスト準備の留意点 ■

▶ 英語の話し方の特徴をつかむ ◀

最も大切なことは、英語の話し方を注意深く聞くことです。ラジオやテレビのアナウンサーが話す英語に耳を澄まし、英語の話し方の特徴をつかみましょう。

▶ 短い英文を数多く音読する ◀

20、22、25 ページで紹介する例題や問題例と同じような、短い英文をできるだけ多く音読しましょう。似たような英文は、英字新聞のウェブサイトなどで入手できます。

▶ 録音して自分の英語をチェックする ◀

音読練習をするときは、ネイティブスピーカーの話す英語をできるだけ真似するようにしましょう。自分の英語を録音し、それを聞いて、どこを直したらよいかを入念にチェックすることも大切です。

Speaking Test Questions 1-2 は次のような問題形式で出題されます。音声ファイルを聞いて確認しましょう。

Directions: In this part of the test, you will read aloud the text on the screen. You will have 45 seconds to prepare. Then you will have 45 seconds to read the text aloud.

（以下の英文は画面に表示されます。音声はありません）

If you're shopping, sightseeing and running around every minute, your vacation can seem like hard work. To avoid vacation stress, come to the Blue Valley Inn on beautiful Lake Meed. While staying at our inn, you'll breathe clean country air as you view spectacular sights. With its spacious rooms, swimming pool, and many outdoor activities, the Inn is the perfect place for a vacation you won't forget.

対　訳

ディレクション：この問題では、画面上のテキストを音読します。準備時間は 45 秒です。その後、45 秒でテキストを音読してください。

買い物に観光にと朝から晩まで動き回っていると、休暇なのか仕事なのかがわからなくなります。そんな「休暇ストレス」から解放されるために、美しい Meed 湖畔の The Blue Valley Inn にお出かけください。当館にご滞在の間、うっとりするような景色を眺めながら、新鮮な田園の空気を吸うことになります。広々とした部屋、プール、そしてさまざまなアウトドア・アクティビティーもお楽しみいただける The Blue Valley Inn は、思い出に残る休暇にぴったりです。

採点ポイント

Speaking Test Questions 1-2 は以下の 2 点について採点されます。

- 発音
- イントネーション・アクセント

解答は以下の採点ポイントに基づいて 0 から 3 で評価されます。

発音	
採点スケール	**採点ポイント**
3	些細なミスや、他の言語の影響がわずかにあるものの、非常にわかりやすい
2	いくつかのミスや、他の言語の影響が多少あるものの、概ねわかりやすい
1	わかりやすいところもあるが、他の言語の影響が大きいため、適切な話し方が妨げられている
0	無解答、もしくは解答の中に英語が含まれていない、またはテストと全く関係ないことを答えている

イントネーション・アクセント	
採点スケール	**採点ポイント**
3	強調されるべき部分、間の取り方、音の高低が適切である
2	いくつかのミスや、他の言語の影響が多少あるものの、強調されるべき部分、間の取り方、音の高低は全体的によい
1	強調されるべき部分、間の取り方、音の高低が適切でなく、他の言語の影響がかなり見られる
0	無解答、もしくは解答の中に英語が含まれていない、またはテストと全く関係ないことを答えている

＊解答は各採点スケールの採点ポイントに基づいて評価されますが、ポイントのすべてを網羅していなければならないというわけではなく、総合的に評価されます。

Speaking Test Questions 1-2 で出題される問題例を見てみましょう。

Directions: In this part of the test, you will read aloud the text on the screen. You will have 45 seconds to prepare. Then you will have 45 seconds to read the text aloud.

（以下の英文は画面に表示されます。音声はありません）

Whether you want office supplies for personal or for business use, Sun Office Products is the single source for all your needs. With over fifty years of experience, our professionals can help you find any type of supply for any project. Each employee takes pride in efficiently helping customers and providing the highest level of quality. It's a big responsibility, but it's also why our customers return to Sun Office Products time after time. Stores are located throughout the area, and we're open seven days a week. Visit our website for more information and special offers.

対訳は 24 ページにあります。

問題例 A の解答例・講評

問題例 A の 8 つの解答例を聞き、それに対する講評を読みましょう。

1 発音、イントネーション・アクセントとも最高のレベル

講評 発音：3

ネイティブスピーカーの英語にかなり近く、非常にわかりやすい発音です。

イントネーション・アクセント：3

意味のまとまりごとに正しく区切って読んでいます。意味のまとまりの終わりをコマーシャルらしく読むなど、正しいイントネーションで文章の趣旨を伝えています。また、意味上重要な語を強く読んでいます。発音、イントネーション・アクセントともに 3 の中でもレベルの高い解答です。

2 英語らしい発音、イントネーション・アクセント

講評 発音：3

ほんの些細な誤りがあるだけで、非常にわかりやすい発音です。

イントネーション・アクセント：3

意味のまとまりごとに正しく区切って読んでいます。意味のまとまりの終わりをコマーシャルらしく読むなど、正しいイントネーションで文章の趣旨を伝えています。また、重要な語を強く読んでいます。

3 意味のある英文を伝えようという姿勢

講評 発音：2

全体的にわかりやすい発音です。すべての単語の意味が明快にわかるというわけではありませんが、単語を単に読むのではなく、意味のある文を伝えようとする姿勢がうかがえます。

イントネーション・アクセント：2

重要な語の強調のしかた、意味のまとまりごとの区切りは概ね適切です。また、文末は常に正しく下げ調子で読んでいますが、リズムに問題があります。どちらのポイントも 2 の中ではレベルの高い解答です。

その他の解答例・講評

4 発音：2

l と r の発音の誤りや、単語の中に異なる子音が混じることがありますが、全体的にはわかりやすい発音です。

イントネーション・アクセント：3

意味をとらえて、正しく区切って読んでいます。

5 発音：2

l と r と s の発音の誤りや、単語の中に異なる子音が混じることがありますが、全体的にはわかりやすいでしょう。

イントネーション・アクセント：3

意味のまとまりごとに正しく区切って読んでいます。コマーシャルらしく読むなど、正しいイントネーションで文意を伝えています。また、重要な語を強く読んでいます。

6 発音：2

　全体的にわかりやすい発音ですが、アクセントの位置を間違えている単語があります。また、短母音を、音を伸ばして読んでいます。

イントネーション・アクセント：2

　文の読み方は概ねよいでしょう。重要な語の強調の仕方や、意味のまとまりを示すイントネーションの付け方に、ときどき適切でないところがあります。

7 発音：2

　lとrの発音や、アクセントの位置を間違えている単語が見られますが、全体的にはわかりやすいでしょう。

イントネーション・アクセント：2

　文の読み方は概ねよいでしょう。イントネーションや間の取り方が適切でないため、意味のまとまりがはっきりしません。

8 発音：2

　lとrの発音の誤りや、誤った音節にアクセントを置くことがありますが、全体的にはわかりやすいでしょう。

イントネーション・アクセント：1

　正しく読んでいません。意味のまとまりで単語を区切らず、アクセント、イントネーションも正しくないため、意味が正しく伝わっていません。

まとめ

英語らしく読むことに集中する

　単語を正しく発音し、リズムよく文を読むのは言語を習得する第1ステップです。この問題では何を話すかを考える必要はないので、リズム、イントネーション、アクセント、発音に集中しましょう。

読み方の工夫

　文中で重要な意味を持つ語（ふつうは名詞と動詞）を強く読みます。それぞれのまとまった語句の間には、間を置きます。語句の終わりを少し上げ調子で読む場合があります。これは、この先もさらに語句が続くことを示すためです。ピリオドで終わる文は、必ず文末を下げ調子で読みます。

　英語を聞くときはこれらを意識して聞くことを習慣づけましょう。

問題例 A の対訳

ディレクション：この問題では、画面上のテキストを音読します。準備時間は45秒です。その後、45秒でテキストを音読してください。

個人用か業務用かを問わず、事務用品をお求めの方のあらゆるニーズにお応えできるのは Sun Office Products 社だけ。50年以上にわたる経験を生かし、この道のプロが、どんな事業向けのどんな用品でもお探しいたします。お客様のお役に立ち、高品質の商品をご提供することが、社員一人ひとりの誇りです。重責ではありますが、お客様が Sun Office Products 社を繰り返しご利用くださる理由はここにあります。店舗は各地にあり、年中無休です。詳細と特別セールにつきましては、弊社ウェブサイトをご覧ください。

問題例 B

Speaking Test Questions 1-2 で出題される問題例を見てみましょう。

Directions: In this part of the test, you will read aloud the text on the screen. You will have 45 seconds to prepare. Then you will have 45 seconds to read the text aloud.

（以下の英文は画面に表示されます。音声はありません）

Did you know that over twenty percent of all plastic containers are now being recycled into new consumer and industrial products? And the demand for recycled plastic is growing! Here at Kent Recycling, we're making sure this growth continues. We've already developed the country's most comprehensive program, in which more than eight million pounds of plastic is recycled annually. We now plan to expand the program even more in order to handle twelve million pounds. As John Kent, our company president says, "Efficient recycling means a better future for everyone."

対訳は 27 ページにあります。

問題例 B の解答例・講評

5 問題例 B の 6 つの解答例を聞き、それに対する講評を読みましょう。

1 誤りに気づいたら、言い直して乗り切る

講評 発音：3

非常にわかりやすい発音です。

イントネーション・アクセント：3

意味のまとまりごとに正しく区切って読んでいます。コマーシャルらしく読み、疑問文では文末を上げるなど、正しいイントネーションで文章の趣旨を伝えています。また、重要な語を強く読んでいます。問題のある語も2〜3語ありますが、うまく軌道修正しています。全体的によい出来です。

2 小さな誤りで評価が下がることはない

講評 発音：3

些細な誤りはあるものの、非常にわかりやすい発音です。

イントネーション・アクセント：3

意味のまとまりの始まりと終わりを示すイントネーションのつけかたと区切り方が適切です。重要ではない語を強く読んでいるところもありますが、文章全体の意味に影響を与えるほどではありません。

3 英文の意味を考えながら読む

講評 発音：2

全体的にわかりやすい発音です。アクセントの位置が間違っている単語や、語中の音と音が混じって明瞭でなくなるときがあります。意味がつかめないことが発音を妨げているのかもしれません。発音に苦労が見られます。

イントネーション・アクセント：2

文章全体としては概ねよいでしょう。イントネーションのつけかたと区切り方にいくつか誤りが見られます。

その他の解答例・講評

4 発音：2

l と r の発音の誤りや、その他の子音に問題がありますが、全体的にわかりやすいです。

イントネーション・アクセント：2

重要な語の強調のしかた、意味のまとまりごとの区切りは概ね適切です。しかし、ときどき歌を歌っているような単調なイントネーションになり、英語のリズムに聞こえないことがあります。

5 発音：1

他の言語の影響が顕著に見られます。わかりやすいところもありますが、子音が不明瞭だったり、l と r の発音が毎回異なったり、語尾に不要な音が加わるなどの誤りが全体的に見られます。

イントネーション・アクセント：1

文を正しく読んでいません。意味のまとまりで単語を区切ったり、文章の趣旨を相手に伝えるためのアクセント、イントネーションが使われていません。

6 発音：2

全体的にわかりやすい発音ですが、誤りや他の言語の影響が見られます。

イントネーション・アクセント：1

文を正しく読んでいません。1 語 1 語の間隔が同じように空き、電報の文章を読んでいるような話し方をしています。重要な語も強調されておらず、イントネーションのつけかたも文意に沿っていません。

まとめ

区切り、アクセント、イントネーションでわかりやすく伝える

英語らしく聞こえるように音読するのは、それ自体が 1 つのスキルです。この課題をこなすには、音読しながら英文の意味が頭にスラスラ入ってくるレベルまで、力をつけなければなりません。

英語を話すときにはなぜ、区切りやアクセント、イントネーションが重要なのでしょうか。それは、聞く人々にとってはそれらの区切り、アクセント、イントネーションが相手の言いたいことを知り、重要なポイントをつかみ、話がどのようにつながっているかを認識する助けになるからです。ですから、音読するときには、英語らしいリズムで読まなければならないのです。

問題例 B の対訳

ディレクション： この問題では、画面上のテキストを音読します。準備時間は 45 秒です。その後、45 秒でテキストを音読してください。

プラスチック容器の 20 パーセント以上がリサイクルされ、消費財や工業製品に生まれ変わっているのをご存じですか。しかも、リサイクルされたプラスチックの需要は増え続けています！　Kent Recycling 社では、この需要の拡大はさらに続くと確信しています。私たちはすでに、わが国で最も広範囲にわたる事業計画を推進しており、その中で年間 800 万ポンド以上のプラスチックがリサイクルされています。私たちはこの計画をさらに推し進め、取扱い高 1,200 万ポンドを目指します。社長の John Kent はこう言っています。「効率のよいリサイクルは、みなさまによりよい未来を約束します」。

Describe a picture

Questions 3-4

写真描写問題

問題の概要

| 設問数 | 2 問 |

| 準備時間 | 各問 45 秒 |

解答時間 各問 30 秒

Question 3
写真 → 準備時間 45秒 → 解答時間 30秒

Question 4
写真 → 準備時間 45秒 → 解答時間 30秒

※ Question 3 の後、Question 4 は自動的に始まります。

課題内容
パソコン画面上の写真を見て、その内容を説明する。
▶ 写真に写っているのは、日常よく目にする動作・行動をしている人たち。

解答のポイント
英語のネイティブスピーカーにも、英語が堪能なノンネイティブスピーカーにもわかりやすいように、写真の情景を具体的に描写できるか、もしくは、短い物語風に描写できるか。

高スコアの条件
① 写真の情景に合った正確な語句を使って説明すること。
② 自然なペースでスムーズに話すこと。
③ 聞き手にわかりやすいように文を組み立てること。

留意点

■ テスト中の留意点 ■

▶ 準備時間に、使う単語を考えておく ◀

45秒の準備時間の間に、写真と関連のある語句を考えておきます。発音が難しかったり、正しく使う自信がない語があれば、より使いやすい単語で言い換えられないか考えてみましょう。

▶ ゆっくり、はっきりと話す ◀

話すときは自分のペースで、ゆっくり、はっきりと話しましょう。あまり速いスピードで話し出すと、その後何も言うことがなくなってしまうことがあります。スムーズに自然に話せるかどうかも重要なポイントであることを忘れないでください。

思いつくことをすべて言ってしまったときは、写真をもう一度よく見てください。じっくり見れば、気づいていなかったことが、写真の中にきっとあるはずです。写真描写問題では、できるだけ多く話すことが大切です。

▶ 物語を創作してもよい ◀

写真の情景説明が難しければ、物語を作っても構いません。ただし、写真を基にしたものであることと、正確な語句と発音でスムーズに話すことを忘れないようにしましょう。

■ テスト準備の留意点 ■

▶ 写真で練習 ◀

どんな写真でも構いませんので、それを見て話す練習をしましょう。こうした練習を重ねていくうちに流暢になり、文の組み立ても楽にできるようになります。

▶ 自分の声を録音して聞く ◀

練習として自分が話している声を録音して聞いてみましょう。

Speaking Test Questions 3-4 は次のような問題形式で出題されます。音声ファイルを聞いて確認しましょう。

Directions: In this part of the test, you will describe the picture on your screen in as much detail as you can. You will have 45 seconds to prepare your response. Then you will have 30 seconds to speak about the picture.

カラー写真は i ページにあります。

対 訳

ディレクション：この問題では、画面上の写真をできるだけ詳しく描写してください。準備時間は 45 秒です。その後、30 秒で写真を描写してください。

採点ポイント

Speaking Test Questions 3-4 は以下の 5 点について採点されます。

- 発音
- イントネーション・アクセント
- 文法
- 語彙
- 一貫性

解答は以下の採点ポイントに基づいて 0 から 3 で評価されます。

採点スケール	採点ポイント
3	写真の特徴が描写されている • 聞き手が理解しづらい場合もあるが、概ねわかりやすい • 適切な語彙・語句と構文を使っており、言いたいことが首尾一貫した形で表現されている
2	写真と関連はあるものの、意味があいまいな箇所がある • 聞き手が理解しづらい箇所がある • 語彙・語句や構文が限定されており、全体として意味の理解を妨げることがある
1	写真と関連はあるものの、聞き手が理解しやすいように話す能力は、非常に限定されている • 聞き手はかなり理解に苦労する • 適切な語彙・語句や構文を使用する能力が非常に限定されている、または、それにより意味の理解が著しく妨げられてしまう
0	無解答、もしくは解答の中に英語が含まれていない、またはテストと全く関係ないことを答えている

＊解答は各採点スケールの採点ポイントに基づいて評価されますが、ポイントのすべてを網羅していなければならないというわけではなく、総合的に評価されます。

問題例 A

Speaking Test Questions 3-4 で出題される問題例を見てみましょう。

Directions: In this part of the test, you will describe the picture on your screen in as much detail as you can. You will have 45 seconds to prepare your response. Then you will have 30 seconds to speak about the picture.

カラー写真は ii ページにあります。

問題例 A の解答例・講評

 ## 採点スケール *3* の解答例・講評

問題例 A で 3 と採点された 3 つの解答例を聞き、それに対する講評を読みましょう。

1 単語がわからなくても話し続けた点に高評価

講評　単語を思い出せないことがありましたが、"I don't remember the exact name of the umbrella, but it looks very comfortable."（私はその傘の正確な名称を覚えていないが、それはとても快適に見える）や、"a special bird which is living in sea area"（海辺に生息する鳥）と言って、無難にたくさん話している印象を与えています。多くのことを話し続けたという点が 3 の評価につながっています。話し方はスムーズで安定しており、生き生きとした描写です。完全な解答ではありませんが、採点スケール 3 の基準を満たしています。

2 文法的なミスはあるものの、よくまとまった解答

講評　流暢でスムーズな話し方です。始めに全体像を伝え、その後、細部の説明に移っています。"There is a lot of people."（正しくは There are a lot of people.）など、主語と動詞が一致していない誤りが複数ありますが、きちんと構成された解答です。語句も正確なので、主語と動詞の不一致や seagull（かもめ）という語を知らなかったことが、全体の評価を下げる要素にはなっていません。

3 完全ではないが安定した解答

講評　最初の文で、"seashore"（海岸）の発音を言い直したあと、写真に写った人々の動作を正確に描写しています。"Many are on the beach because it's not so good condition."（あまり天候がよくないので、多くの人たちは浜辺にいる）という複雑な文も使っています。話し方はスムーズで安定しており、生き生きとした描写で、正確な語句を使っています。採点スケール 3 の中でもレベルの高い解答です。

完全な解答である必要はない

　採点スケール3を取るには完璧な描写でなくてもよいことが、前ページの解答例からわかると思います。全体的に流暢かどうか、つまり、スムーズで安定しているか、また正確な語句を使い、はっきりした発音で言いたいことがまとまっているかどうかが採点のポイントです。ここで紹介している採点スケール3の解答例でも、これらのうち1つ以上の項目に問題がある人がほとんどですが、すべて完璧にこなさなければいけないわけではありません。

知っていることを言う

　鳥の種類やbeach umbrella（ビーチ・パラソル）に当たる単語を問われているのではありません。単語がわからなければ、その物について知っていることを言えばいいのです。たとえば、単語がわからなければ、I don't know the exact name of the bird, but there are birds flying in the sky.（私はその鳥の正確な名前を知らないが、空にはたくさんの鳥が飛んでいる）のように表現しても、採点スケール3をとることは可能です。

採点スケール *2* の解答例・講評

問題例Aで2と採点された2つの解答例を聞き、それに対する講評を読みましょう。

1 慌てて話さない

講評　出だしは語彙も豊富で勢いがありますが、急いで話しています。"They are wearing T-shirts, so the weather is not really hot."（人々はTシャツを着ているので、天気はそれほど暑くはない）と言うなど、目のつけどころもよいのですが、やや話題が尽きてしまっているような印象があります。

2 自分の意見や感想を加える

講評　何という単語を使ったらよいかで悩み、間があいています。出だしは何と言っているか理解するのが難しく、実際はそれほど多くを話していませんが、2と採点される程度のことは十分、正しく言っています。日光浴をしている人々について説明した後に、自分の感想を追加。"sunbathing"（日光浴）、"comfortable"（居心地のよい）という語を使って、説明を印象深いものにしています。

まとめ

間違いは言い直してもよい

　解答例の中には、主語と動詞の不一致が見られるものがあります。準備時間が限られている中で話すのがいかに難しいかは採点者も承知のことですから、間違えたと思ったら、言い直してもよいのです。

話を続けるため、自分の意見を述べる

　描写し尽くしたと思ったら、写真の情景について自分の意見を述べても構いません。この問題例であれば、I think that people are having fun, since they are at the seashore.（みんな楽しんでいると思います、なぜなら海岸にいるので）などと言えるでしょう。採点者はあなたの解答を最初から最後まで聞いていますから、話している内容の一つひとつが、高評価を獲得する要素となることを忘れずに。

🎧 10 　採点スケール *1* の解答例・講評

問題例 A で 1 と採点された 1 つの解答例を聞き、それに対する講評を読みましょう。

1 　平易な文で話し続ける

講評　採点スケール 1 の中ではレベルが高い方です。30 秒の間、簡単な文を使って何とか話し続けようとしています。もう少し練習を積めば、採点スケール 2 へ届くでしょう。

まとめ

3 文以上は言えるように

　　1 と採点された解答は往々にして、語彙、英文の構成力、発音、イントネーションの全てに問題がありますが、採点スケール 1 の例では、解答者はだいたい 3 文は答えています。「写真描写問題」の準備をする際には、3 文以上は言えるようにしましょう。

準備時間で名詞と動詞を考えておく

　　準備時間の間に、説明に使えそうな語句を考えましょう。文を作る上で核となる名詞と動詞の組み合わせ（birds + fly、people + look at など）を考えておくのが有効です。3 文以上作るために、いくつかパターンを考えてみましょう。

採点スケールを上げるには話の組み立てが必要

　　採点スケール 1 より上の評価を得るには、ある程度文章を構成する必要があります。It is a cloudy day. There are people on the beach. Birds are flying in the sky.（曇っています。海岸に人がいます。鳥が空を飛んでいます）のように、見たままを列挙しても構いません。いろいろな写真で練習し、話しながら文をまとめていく力を磨きましょう。

問題例 B

Speaking Test Questions 3-4 で出題される問題例を見てみましょう。

Directions: In this part of the test you will describe the picture on your screen in as much detail as you can. You will have 45 seconds to prepare your response. Then you will have 30 seconds to speak about the picture.

カラー写真は ii ページにあります。

問題例 B の解答例・講評

 12 *採点スケール 3 の解答例・講評*

問題例 B で 3 と採点された 2 つの解答例を聞き、それに対する講評を読みましょう。

1 人物以外のものにも注目している

> **講評** ほかの解答例とはやや異なったアプローチをしています。男性 2 人について簡潔に説明し、その後、天候を描写し、木々や葉に視点を向けています。ややゆっくりしたペースのまま話を進めていますが、言葉を探すのに困っている様子はありません。採点スケール 3 の条件を満たしています。

2 まずまず流暢な解答

> **講評** まずまず流暢と言えるでしょう。最後で "shaded, shadowed, shaded" と単語にひっかかっていますが、全体的にはっきりと話し、写真の内容と合った描写をしています。採点スケール 3 の中では低いレベルの解答です。

まとめ

Questions 1-2 より難度が高い

Questions 3-4 の採点項目は Questions 1-2 と共通するものもありますが、英文を自分で創作するという課題が加わります。よって、こちらのほうが難度が高くなります。

Questions 3-4 の採点対象

Questions 3-4 では、「語彙は豊富か」、「正しい英語をスラスラと話せるか」、「相手がわかりやすい発音で話せるか」、「一定のスムーズな、英語らしいリズムで話せるか」がポイントになります。これらすべてを完璧にこなす必要はありませんが、3 と採点された解答は概して、身近な単語の語彙が豊富で、低いレベルの解答に比べて楽々と英語を話しているという特徴があります。

🎧 13 採点スケール *2* の解答例・講評

■ ....

問題例 B で 2 と採点された 2 つの解答例を聞き、それに対する講評を読みましょう。

1 主語と動詞の不一致など、文法に問題あり

講評 　修正をしながらですが、一つひとつ描写しながら話を進めている点で流暢と言えます。語彙にも問題はあるのですが、それよりも問題なのは文法です。単数形と複数形の区別ができず、文に動詞がありません。ただし、話の内容は理解できるので、採点スケール 2 の中ではレベルの高い解答例です。

2 流暢さに欠ける解答

講評 　ゆっくりと慎重に話しています。単語を探し出すためというより、言うべき内容を考えているために間があいているようです。内容は理解はできますが、文法に問題があります。最後の部分では、2 人の人物のほかには誰もいないことを思いついて、何とか話を続けています。前の解答例に比べると流暢ではありませんが、採点スケール 2 のレベルは満たしています。

まとめ

採点スケール 2 は語彙・文法が弱い

　2 と採点される解答例は多くの場合、語彙に問題があります。そのため流暢に話せず、リズムが悪くなります。語彙を増やし、単語を考えて間があくことがなくなれば、上のスコアを狙えるでしょう。また、文法上、正しい文を組み立てる力が不足しているのも採点スケール 2 の特徴です。発音については様々ですが、大部分は、比較的よいレベルです。

採点スケール *1* の解答例・講評

問題例 B で 1 と採点された 2 つの解答例を聞き、それに対する講評を読みましょう。

1 語彙不足と発音の悪さで話す速度が落ちる

講評 語彙不足が非常に不利に働いています。発音も、解答をさらにわかりづらいものにしています。また、発音のせいで話す速度が落ち、自然なリズムで話すことができません。

2 表現に広がりがない解答

講評 語彙が乏しいため、描写にも限界があります。"two men...two men...two men" という 2 語が何度も繰り返し出てきます。また、構文も同じものを使っているために、限られたことしか言えないという印象を与えています。

まとめ

リズム、表現力、流暢さを伸ばす

語彙、構文、発音などが、1 と採点される解答例の問題点です。リズムよく、表現豊かに、流暢に話す。これが、スピーキングのスキルを上げるためにまず習得すべき項目です。

概要 → 詳細の順序で説明していく

描写を始める前に、説明する手順の大枠を頭に描きましょう。問題例 B であれば、まず天候を述べ、それから 2 人の男性、彼らの服装、バックパックについて触れ、その後で車、木と話を進めていきます。目についたものをやみくもに説明するのではなく、話にまとまりを持たせること。これだけでも、聞き手に「英語を使いこなせる」という印象を与えられます。

同じものでも、変化をつけて話す

英語には、構文力があることを示せる表現がたくさんあります。その一例を紹介しましょう。2 人の男性を紹介するときには、One man ... the other man ... や、One ... the other ... という言い方があります。また、two men の繰り返しにならないようにするためには、both of them や both men を使うと変化をつけられます。

Respond to questions

Questions 5-7

応答問題

問題の概要

設問数　3問

準備時間　各問の前に3秒

解答時間　Question 5 と Question 6 は15秒、Question 7 は30秒

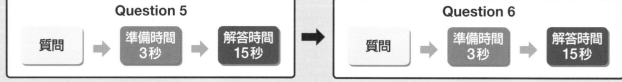

Question 5
質問 → 準備時間 3秒 → 解答時間 15秒

Question 6
質問 → 準備時間 3秒 → 解答時間 15秒

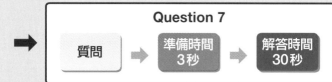

Question 7
質問 → 準備時間 3秒 → 解答時間 30秒

課題内容　身近な話題についての3つの質問に、自分自身の経験に基づいて答える。
- Questions 5-6　話題となっている事柄について、情報を求める質問。
- Question 7　その話題について、より広範な意見や説明を求める質問。

解答のポイント
① 日常または職場での会話を、適切な言葉で行えるか。
② 身近な話題についてある情報を求められたとき、それに素早く正確に答えられるか。

高スコアの条件
① それぞれの質問に対して過不足のない内容で答えること。
② ビープ音が鳴って録音が始まったら、間を長くあけずに素早く答えること。
③ 適切な言葉を使い、誰かの質問に答えているようにできるだけ自然に話すこと。

留意点

■ テスト中の留意点 ■

▶ 自然に流暢に ◀

　　３つの質問文は、それぞれ画面に表示されます。高い評価を得るには、誰かと電話で話しているように自然に流暢に話すこと。質問に対して的確に答えていれば、シンプルな一文だけでも構いません。

▶ 質問に素早く答える ◀

　　実際に電話で話したり答えたりしているように、素早く答えられるかどうかがポイントの１つになります。早く答え終わって時間が余っても構いません。

■ テスト準備の留意点 ■

▶ 時間内に簡単な質問に答える練習 ◀

　　電話で練習する機会がある人は大いにその機会を利用しましょう。電話での応答は、相手の表情や口元が見えるおしゃべりとは違います。そばに練習相手がいる人は、顔が見えないように背中合わせに座り、質問し合いましょう。簡単な質問で構いません。大切なのは、制限時間内で、質問に声を出して答える練習をすることです。

▶ 上手な英語を真似る ◀

　　発音と語彙力を向上させるためには、英語のラジオやテレビ、録音されたものを聞いて真似てみましょう。スラスラ言えるようになったと思えるまで、声に出して繰り返し練習することが大切です。また、本書の音声ファイルを使って、採点スケール３の解答例を手本としてもよいでしょう。英語の話し方を学ぶためにはもちろん、どのように解答を構成すればよい評価を得られるかを知る上でも役に立ちます。

▶ ラジオやテレビでリスニング力アップ ◀

　　英語を話せるようになるためには、リスニング力も必要です。リスニング力の強化には、英語のラジオやテレビの番組、映画を活用するのが得策です。最初は日本語の字幕がついているもので、英語と日本語を比べながら練習してもよいでしょう。

Speaking Test Questions 5-7 は次のような問題形式で出題されます。音声ファイルを聞いて確認しましょう。

Directions: In this part of the test, you will answer three questions. You will have 3 seconds to prepare after you hear each question. You will have 15 seconds to respond to Questions 5 and 6 and 30 seconds to respond to Question 7.

Imagine that a Canadian marketing firm is doing research in your country. You have agreed to participate in a telephone interview about television viewing.

（実際には、質問は1問ずつ画面に表示され、読まれます）

Question 5 How often do you watch television?

Question 6 What kinds of programs do you usually watch?

Question 7 Describe your favorite television program.

対　訳

ディレクション：ここでは、3つの質問に答えます。各質問を聞いた後、3秒の準備時間があります。Question 5 と Question 6 には 15 秒で、Question 7 には 30 秒で解答してください。

カナダのマーケティング会社があなたの国で調査を行っていると想像してください。あなたは、テレビの視聴について、電話でのインタビューに応じることになりました。

質問5　テレビをどのくらいの頻度で見ますか。

質問6　ふだんはどんな番組を見ますか。

質問7　あなたが好きなテレビ番組について説明してください。

採点ポイント

Speaking Test Questions 5-7 は以下の 7 点について採点されます。

- 発音
- イントネーション・アクセント
- 文法
- 語彙
- 一貫性
- 内容の妥当性
- 内容の完成度

解答は以下の採点ポイントに基づいて 0 から 3 で評価されます。

採点スケール	採点ポイント
3	解答は質問に対して十分で、関連性があり、社会的にも適切な応答ができている • 聞き手はすんなりと理解できる • 適切な語彙・語句を使っている • 課題に合った構文を使って答えている
2	質問に対してはある程度適切に答えているが、完全ではなく、適切でない部分もある • 聞き手が理解しづらい箇所があるが、概ね理解できる • 全体的な意味ははっきりしているものの、語彙・語句が限定されていたり、やや適切でない場合がある • 構文の使用が不適切なため、聞き手が理解するためには多少の努力を要する • 提示された情報に基づく課題に関しては、資料や文書から関連した情報を見つけることができるが、それらを関連のない情報と区別したり、聞き手が理解しやすいように言い換えることはできない
1	質問に対して十分に答えていない。関連する情報が十分に伝わっていない • 聞き手は理解するのにかなり苦労する • 語彙・語句が不正確であったり、質問と同じ内容を繰り返す • 構文の使用が不適切なため、意味の理解が妨げられてしまう
0	無解答、もしくは解答の中に英語が含まれていない、またはテストと全く関係ないことを答えている

＊解答は各採点スケールの採点ポイントに基づいて評価されますが、ポイントのすべてを網羅していなければならないというわけではなく、総合的に評価されます。

Speaking Test Questions 5-7 では 1 つの状況に対して質問が 3 つあります。それぞれの質問を聞きましょう。

Directions: In this part of the test, you will answer three questions. You will have 3 seconds to prepare after you hear each question. You will have 15 seconds to respond to Questions 5 and 6 and 30 seconds to respond to Question 7.

Imagine that a Canadian marketing firm is doing research in your country. You have agreed to participate in a telephone interview about local transportation.

（実際には、質問は 1 問ずつ画面に表示され、読まれます）

Question 5 How do you travel from your home to your place of work or study?

Question 6 How long does it take you to travel to your place of work or study?

Question 7 How do you think transportation could be improved in your community?

対訳は 48 ページにあります。

問題例 A の解答例・講評

A-Question 5 の解答例・講評

 17

採点スケール *3* の解答例・講評

問題例 A の Question 5 で 3 と採点された 6 つの解答例を聞き、それに対する講評を読みましょう。

Question: How do you travel from your home to your place of work or study?

1 電話での応答らしい自然な話し方

講評 電話でのマーケティング調査に実際に答えているような、非常に自然な話し方です。単数形 transportation にすべきところを "transportations" と言うなどわずかな誤りがあるものの、"dormitory"（寮）という語を使うなど、語句は非常に正確です。文法的にも問題ありません。

2 質問に合った時制で答える

講評 How do you travel from ...? という質問に対し、現在進行形を使って答えていますが、現在時制で答えていれば、聞き手は理解できます。"usually I'm using the bus, but sometimes I'm using the subway" は、"I'm using" ではなく、I take か I use としたほうが正確になります。このように、たとえ正確な言い回しでなくても減点はされません。また、"depending on the traffic situation" というこなれた構文を使っています。非常に流暢で自然な受け答えで、語句も正確です。

3 文が途中で切れても減点にはならない

講評 発音、リズムとも自然です。話している途中で時間切れとなりましたが、完結していなくても評価に影響しません。採点の対象となるのは話した内容です。何かを話さなかったことで減点されるわけではありません。

その他の解答例・講評

4 "I usually use car." は正しくは a car とすべきですが、実際に電話で話しているように、流暢で自然な調子で答えていて、非常によい解答なので、採点スケール 3 となります。

5 発音にやや問題があるものの、親しげな信用できる口調で話しています。語句は正確で、文法的にも状況に合った構文を使っています。文句なしの採点スケール 3 です。"moped" は「モーペッド（ペダルで走らせることもできるオートバイ、原動機付自転車）」のこと。

6 話し出すまでやや間があり、話し始めるとすぐに言い直しをしています。ややまとまりがないと感じられますが、よく聞けば、通勤方法について正確に説明しようとしているのだとわかります。結果的には話の途中で時間切れとなりましたが、話し方は流暢で語句も正確、構文も正しく使っているので、採点スケール3となります。

まとめ

自然で流暢なリズムを大切にする

　採点スケール3を取るには、実際に電話で会話をしているように、自然で流暢に話すことが大切です。ややくだけた口調になっても構いません。ただし、あくまで会話として許容される範囲内で正しい文法を使う必要があります。

不完全な文を理由に減点はされない

　解答例3と6は文が完結しないまま時間切れとなりました。解答例3の「講評」でも説明したように、採点対象となるのは話した内容です。最後の文が途中で切れてもそれを理由に減点はされません。

問題例Aの対訳 ....

ディレクション：ここでは、3つの質問に答えます。各質問を聞いた後、3秒の準備時間があります。Question 5とQuestion 6には15秒で、Question 7には30秒で解答してください。

カナダのマーケティング会社があなたの国で調査を行っていると想像してください。あなたは、自分が住んでいる地域の交通機関について、電話のインタビューに応じることになりました。

質問5　自宅から職場もしくは学校まで、どうやって行きますか。

質問6　自宅から職場もしくは学校まで、どのくらいの時間がかかりますか。

質問7　あなたの住む地域の交通事情はどのように改善できると思いますか。

....

採点スケール **2** の解答例・講評

問題例 A の Question 5 で 2 と採点された 3 つの解答例を聞き、それに対する講評を読みましょう。

Question: How do you travel from your home to your place of work or study?

1 **発音に問題はあるが、言いたいことは伝わっている**

> **講評** 英語を使いこなしていません。"during forty-five minutes around" は正しい構文ではありません。for around forty-five minutes と言うのが正しい言い方です。理解しづらい発音ですが、言っている意味は伝わるので採点スケール 2 となります。

2 **話し方、発音はよくないが、質問に答えている**

> **講評** 話し方が電話での会話に聞こえません。発音にも問題があります。しかし、"I usually take bus." は、質問への正しい答えとして理解できるので採点スケール 2 となります。

3 **最終的な答えで 2 を獲得**

> **講評** 話し始めるまでに数秒間が空いたため、答えが完結しませんでした。初めに "I took a bus." と誤った時制を使いましたが、その後間違いに気づいて "I take a bus." と言い直しています。ほかのことも言おうとしたところで時間切れとなりました。やや理解しづらい発音ですが、最終的に "I take a bus." と言えたので採点スケール 2 となります。

まとめ

採点スケールを 2 にするためには

　採点スケール 2 の評価を得るには、「質問に合った答えであること」と「言いたいことがはっきりしていること」の 2 点が肝心です。

素早い、自然な返答が上の評価へのカギ

　評価を上げるには、質問にできる限り素早く、自然に答えることが大切です。電話をしているときはふつう、答えを考える時間がほとんどありません。ただし、母語で話すときのように早口で話したり、難しい語を使う必要はありません。知っている単語を使って、質問に的確に、素早く答える練習をしてください。

Speaking Test

Questions 5-7

採点スケール 1 の解答例・講評

問題例 A の Question 5 で 1 と採点された 2 つの解答例を聞き、それに対する講評を読みましょう。

Question: How do you travel from your home to your place of work or study?

1 不明瞭な発音で理解しづらい

講評 非常に理解しづらい解答です。ある 1 点だけ急いで話しています。発音もはっきりしていません。

2 質問への答えとなっていない

講評 "I want to travel for work." と言っていますが、質問を取り違えているようです。この解答からは何を言いたいのかがわかりませんし、英語を使いこなす力があるとは言えません。

まとめ

採点スケール 1 は、最後に慌てて答えを述べる傾向がある

採点スケール 1 の評価を得た解答例は、こうした場面で英語を話すことに非常に苦労しているようです。素早く答えられるほどの語彙がないため、ほとんどがゆっくりと自信なさそうに話しています。また、答えを言う前に何秒も間があき、そのため、最後で答えを急いでしまう傾向がよく見られます。

事前に解答時間の長さを体感する

テストを受ける前に、それぞれの問題の解答時間が何秒なのかを把握しましょう。前の Questions 3-4 の解答時間はそれぞれ 30 秒ですが、Questions 5-6 はそれぞれ 15 秒です。試験中の 15 秒は、30 秒に比べてかなり短く感じられることを感覚的に理解することが大切です。この問題形式の練習をする場合は、だれかに英語で質問をしてもらい、15 秒間でどのくらいの情報量を述べられるかを確認しておくとよいでしょう。

20 *採点スケール**3**の解答例・講評*

問題例 A の Question 6 で 3 と採点された 7 つの解答例を聞き、それに対する講評を読みましょう。

Question: How long does it take you to travel to your place of work or study?

1 言葉がスラスラ出てくる

講評 とてもスムーズで安定しています。実際に誰かと電話をしているように話しています。言葉を選ぶのに考え込んでいるということもありません。文法もしっかりしています。採点スケール 3 の中でもレベルの高い解答です。

2 会話らしい話し方

講評 "Oh, it takes maybe one hour." という会話らしい表現と、"It depends of the traffic jam." というこなれた表現を使っています。"depends of" は正しくは depends on ですが、話し方、語彙ともに優れています。

3 即座に 1 文で簡潔に答える

講評 "It takes about thirty minutes." というたった 1 文の答えですが、反射的にスラスラと話している点で、採点スケール 3 となります。答えるのに必要な語彙、文法力が示されています。

その他の解答例・講評

4 小さな文法上の誤りがありますが、ほんの些細なものです。話し方はスムーズで、安定しています。"no more than twenty minutes" という表現から、十分な語彙と文法力があると推測でき、採点スケール 3 の中でもレベルの高い解答です。

5 自然な調子で即座に応答した解答例 4 に比べると、話し方の面では劣ります。ただし、語彙、文法、発音の面では優れています。

6　3と採点されたほかの解答例に比べてスムーズではありませんが、語彙、文法の面では申し分なく、発音もはっきりしています。採点スケール2の解答例に見られるような、言葉を見つけるためにたどたどしくなってしまうという点がまったくありません。

7　ほかの例に比べて答え方がスムーズではありません。電話でのアンケートで実際にありそうなことですが、声に出して考えているように、30分と言おうとして "about ... for ..." と前置詞に迷っています。答えは明快で文法的にも正しく、採点スケール3のレベルに達しています。

まとめ

簡潔な文をリズムよく

　前述したように、この問題形式では長く答える必要はありません。例えばこの質問ならば、It takes about thirty minutes to travel from my house to my workplace. のように簡潔に答えられれば、それ以上は長々と話さなくてよいのです。ただし、話し方は重要です。単語と単語の間を切らず、なめらかにリズムよく話すこと。採点スケール3を取るにはこういう話し方を身につけることです。

A-Question 6 の解答例・講評

採点スケール *2* の解答例・講評

問題例 A の Question 6 で 2 と採点された 3 つの解答例を聞き、それに対する講評を読みましょう。

Question: How long does it take you to travel to your place of work or study?

1 スムーズだが発音に問題あり

講評　口ごもることはなく、話し方はスムーズです。しかし、発音が明瞭でないために聞きづらくなっています。また、語彙が不足しているために、"from the place of my work to my place of today" といった回りくどい言い方をしています。よって、採点スケール 2 となります。

2 発音はよいがスムーズでない

講評　標準的な採点スケール 2 の解答例です。1 語 1 語ゆっくりと文を作っているので、スムーズさは全くありません。語彙も乏しいようです。ただし、文法はしっかりしていて、発音も明瞭です。練習を積み、自信をつけましょう。

3 単語を探しながら話す、典型的な採点スケール 2 の例

講評　文法的な誤りがわずかにあり、話し方がスムーズではありません。この例のように、言い直したり、単語を探しながら答えているのは、典型的な採点スケール 2 と評価される話し方です。

まとめ

苦手な部分を強化する

　上記の解答例には 2 つの大きな特徴があります。1 つは語彙の不足。そのため、電話での応対に必要とされるスムーズな話し方ができません。もう 1 つは発音の問題で、たとえスムーズに話していても、発音がよくないために理解しづらい答えとなっています。語彙が不足している人は、語彙力アップに力を入れましょう。発音が苦手な人は、もっと英語に触れるように心がけてください。英語のラジオやテレビ、動画などで音声をできるだけ多く聞き、聞いた音を真似ることで発音は徐々によくなるでしょう。

採点スケール1 の解答例・講評

問題例 A の Question 6 で 1 と採点された 2 つの解答例を聞き、それに対する講評を読みましょう。

Question: How long does it take you to travel to your place of work or study?

1 質問を正しく聞き取っていない

講評 質問の意味を取り違えているようです。質問の How long does it take you to travel to your place of work or study? の中の How long と your place of study だけを理解して解答したようです。また、かなり限られた英語力です。

2 質問の取り違いと発音がよくない例

講評 これも、質問の意味を取り違えているようです。話し方に偏りがあり、所々で間があいています。"I will stay for one month." と言っているようですが、発音がよくないために答えがはっきりわかりません。

まとめ

まずはリスニング力をアップさせよう

1 と採点された解答例の多くは、質問に正しく答えていません。質問の意味を理解していないためと思われます。問題例の質問を 1 回聞いただけでは意味が取れず、何回も音声を聞いたり、質問を読まないと意味がわからなかったりする場合は、リスニング力を強化しましょう。質問の意味を正しく聞き取って理解できるようになれば、上のスコアへも手が届くはずです。

採点スケール 3 の解答例・講評

問題例 A の Question 7 で 3 と採点された 6 つの解答例を聞き、それに対する講評を読みましょう。

Question: How do you think transportation could be improved in your community?

1 30 秒で非常によくまとめている

講評 すぐに解答を始め、最後まで安定した言葉の流れを保っています。語彙も非常に多いですし、最初に "First ..." と言ってから始め、最後で再び要点をまとめるなど、構成にも気を遣っています。解答時間が 30 秒しかない点を考慮すると、大変よくできているでしょう。採点スケール 3 の中でも非常にレベルの高い解答です。

2 最後まで一定の速さで話す

講評 採点スケール 3 の中でもレベルが高い方です。最初の部分で少しつまずいていますが、スムーズに、一定の速いスピードで話しています。実際はこれほど速く話さなくても採点スケール 3 は取れます。このリズムとなめらかさから、長く英語を話す経験があることがわかります。語彙力、文法力も、ともに優れています。

3 質問にあった表現を使っている例

講評 語彙が豊富で正しい文法を使っていますが、上記の解答例に比べると、言葉に詰まる箇所も多くあります。質問にあった表現の "To improve transportation in my community ..." から答えを始めています。これは質問内容を理解していることを相手に示せることと、自分も答えに照準を合わせやすい点からもよい手法と言えます。

その他の解答例・講評

4 やや苦労しながら言葉を探しています。また、話の焦点があまり明確ではありません。最初に、"a small motor bicycle which is not a bicycle but which is not a bike" を勧めながら、後半では "a new mobility car" を勧めています。主旨は、自分が住んでいる地域の年配者は、こうした乗り物の恩恵を受けるだろうということで、この主旨と発音がはっきりしているため、採点スケール 3 の評価に値します。この解答のように完全でなくても、満足のいくレベルであれば 3 を取れます。

5   "I have my time on the train." という 2 つ目の要点を述べるのに苦労しています。ほかの解答例に比べて発音は明瞭ではありませんが、一定の速いスピードで話しています。全体的な主旨は、電車は清潔で、電車に乗れば自分自身の時間が持てるということ。質問では改善点をたずねていますが、この解答者にとって、改善すべき不満はとくにありません。

6   イントネーションと発音は非常によいでしょう。スピードが速いので流暢に聞こえますが、語彙レベルがそれほど高くないため、言葉を探すときには速さが裏目に出て、言葉に詰まってしまいます。

まとめ

TOEIC® Speaking Test で意見を述べる最初の問題

　　意見を述べる設問は、ここで初めて出てきます。3 と採点された解答者は高い言語能力を持っているため、こうした問題形式にも十分対応できます。採点スケール 3 を獲得するには、リスニングとスピーキングの両面で練習を積む必要があります。

複雑さに対応できる語彙

　　採点スケール 3 と評価される解答者には、複雑な内容を表現できるだけの語彙があります。中には、途中で言葉に詰まる人もいます。しかし、採点スケール 2 や 1 の解答例と比較すれば一定の速さで話していますし、単語を探しているときにも、アクセントやイントネーションが乱れることはなく、レベルの高いことははっきりわかります。

*採点スケール **2** の解答例・講評*

問題例 A の Question 7 で 2 と採点された 3 つの解答例を聞き、それに対する講評を読みましょう。

Question: How do you think transportation could be improved in your community?

1 語彙不足で同じことを繰り返してしまう

講評 話し方は速く、流暢に聞こえます。しかし、最初に言っていることの繰り返しが続き、話が先に進んでいません。自分の意見を言えるだけの語彙がありません。

2 長くなくても確実な解答を

講評 解答は力強く始まっています。どうやら時間いっぱいまで話さなければならないと考えたようです。もしくは、もっと言いたいことがあるのかもしれません。しかし、1 点目を述べた後、2 点目の要点を表現するだけの語彙がありません。リズムもイントネーションも優れ、流暢ではっきりしていますので、1 点目で話をやめてもよかったと思われます。

3 自分の力で言えることを言えばよい

講評 発音に問題はありますが、レベルの高い語彙を使っています。これも解答例 2 と同じで長く話してしまい、自分の表現能力を超えてしまった例です。最初に話している部分は、言いたいことが明瞭です。話し方も堂々とし、スピードは遅いですが安定しています。話が行き詰まるまでは、イントネーション、リズムとも非常によいです。

まとめ

解答時間が余ってもよい

言うべきことをはっきりと言えればそこでやめ、時間が余っても構いません。高スコアを取るための最重要ポイントは、話す長さではなく話し方です。短くても流暢に話せればそれでよいのです。2 と採点される解答の中には、自分の言語表現能力を超えた事柄を話そうとして、収拾がつかなくなっているものや、最初は勢いよく始めたものの、2 文目から失敗するケースが見受けられます。

採点スケール *1* の解答例・講評

問題例 A の Question 7 で 1 と採点された 2 つの解答例を聞き、それに対する講評を読みましょう。

Question: How do you think transportation could be improved in your community?

1 途切れがちで内容もあまりない

講評 話し方が途切れがちで、断片的にしか答えていません。答えの内容も非常に薄いため, 採点スケール 1 となります。

2 語彙の不足

講評 レベルの高い解答につながる基礎力は兼ね備えていますが、自分の考えを言葉にできるだけの語彙がありません。母語の影響が強く、たどたどしく話しています。

まとめ

すぐに何かを言う練習をする

　この問題には準備時間が 3 秒しかありません。中には制限時間が気になり、言いたい単語を思いつけない人もいるようです。この問題に強くなるには、その場ですぐに答える練習を重ねること。誰かに英語で質問を出してもらい、制限時間内に答える練習が効果的です。練習に使える質問例をいくつか紹介します。

- Do you work?　働いていますか。
- What do you do during the day on your job?　仕事のある日は日中どんなことをしていますか。
- Do you go to school?　学校へ通っていますか。
- What do you hope to do when you graduate or earn your degree?
　卒業後、または学位取得後はどんなことをしたいですか。
- Talk about your teachers or your co-workers:（Who are they? / Where do they come from?）
　あなたの先生か同僚について話してください。（どんな人ですか。／どこの出身ですか。）
- Where do your parents come from?　あなたのご両親はどちらの出身ですか.
- Do you have brothers and/or sisters?　兄弟や姉妹はいますか。
- What do you most remember about each of your brothers and sisters?
　兄弟や姉妹のそれぞれについてどんなことが最も思い出深いですか。
- What food do you like best? Why?　一番好きな食べ物は何ですか。それはなぜですか。

26

Speaking Test Questions 5-7 では1つの状況に対して質問が3つあります。それぞれの質問を聞きましょう。

Directions: In this part of the test, you will answer three questions. You will have 3 seconds to prepare after you hear each question. You will have 15 seconds to respond to Questions 5 and 6 and 30 seconds to respond to Question 7.

Imagine that a Canadian marketing firm is doing research in your country. You have agreed to participate in a telephone interview about travel and tourism.

（実際には、質問は1問ずつ画面に表示され、読まれます）

Question 5 When is the best time of year to visit your country?

Question 6 What is a good place in your country for tourists to visit?

Question 7 Describe what tourists would like about this place.

Speaking Test

Questions 5-7

対訳は 61 ページにあります。

問題例 B の解答例・講評

B-Question 5 の解答例・講評

 *採点スケール **3** の解答例・講評*

．．．

問題例 B の Question 5 で 3 と採点された 7 つの解答例を聞き、それに対する講評を読みましょう。

Question: When is the best time of year to visit your country?

1 バラエティーに富んだ文を表現

> **講評** よい話し方です。誰かと実際に電話をしているように話しています。15 秒間でさまざまな文を使い、非常に明瞭で的確です。採点スケール 3 のレベルに十分達しています。

2 電話での会話らしいリアリティー

> **講評** 語句は正確で発音も優れています。実際に電話で会話しているようで、説得力があります。文法的に正しい文で表現できています。

3 流暢に話す

> **講評** とても流暢で、発音も優れています。その季節のよさを魅力的に表現しています。

その他の解答例・講評

4 上の 3 つの解答例に比べると、出だしがややスムーズではありませんが、語彙、文法ともに非常によいです。話が進むにつれ、話し方もよくなっています。

5 最初に数秒間があいたため、充分な力を出せずに終わっています。しかし、いったん話し始めると、流暢で正しい文法を使っています。後半で単語を考えているために一瞬の間があきますが、途中で切れる前に大部分の言葉を話しているので採点スケール 3 となります。流暢で自然な話し方で発音も優れています。

6   訪問するのに最適な時期として 2 つの季節を挙げています。その後に続けて話しているのは、なぜ夏はよい時期で はないかということです。発音、話し方はよく、"humid"（湿気の多い）という語を使うなど、語彙も優れています。

7   最初のほうで話している "New Year's" がつながって発音され、何回か聞き直さなければ理解できません。ただし、 それ以外の話し方は自然で、語彙も非常に豊かです。よく考えられた解答と言えるでしょう。

まとめ

自分の思った通りに答える

　　解答に正解はありませんので、質問には自分が思った通りに答えてください。そのほうが自信を持って話 せるため、結果としてよい評価を得られます。また、話の内容が具体的になれば、それにあてはまる正確な 語句を使うこともできます。

詳細な解答は流暢である証拠

　　採点スケール 3 の解答例の多くは When …? に対する答えだけでなく、なぜその時期がベストなのかと いう「理由」も答えています。制限時間内でこれだけ詳細に説明できるのは、質問に対する単純な解答以上 のことを言えるほど英語が流暢であることを示しています。もちろん、単純な答えでも、採点基準を満たし ていれば高い評価が得られます。

問題例 B の対訳 ....

ディレクション： ここでは、3 つの質問に答えます。各質問を聞いた後、3 秒の準備時間が あります。Question 5 と Question 6 には 15 秒で、Question 7 には 30 秒で解答してください。

カナダのマーケティング会社があなたの国で調査を行っていると想像し てください。あなたは、旅行と観光事業について、電話のインタビュー に応じることになりました。

質問 5　あなたの国を訪問するのに、一年の中でいつが最適ですか。

質問 6　あなたの国で、旅行者が訪問するのによい場所はどこですか。

質問 7　旅行者はその場所のどんなところを気に入ると思うか説明してください。

....

採点スケール *2* の解答例・講評

. . . .

問題例 B の Question 5 で 2 と採点された 3 つの解答例を聞き、それに対する講評を読みましょう。

Question: When is the best time of year to visit your country?

1 文法力がないため、繰り返しが多い

講評　問題は文法です。You must visit my country in autumn because it is very beautiful. と 1 文ですっきり表現できる内容ですが、文法力が足りないためにその言い方がわからず、何度も同じ語句を繰り返しています。話し方に問題があるものの、言いたいことはわかるので採点スケールは 2 です。

2 内容はよいが、発音、話し方に問題

講評　自国の秋の美しさを伝えようとしていますが、発音と話し方に問題があるため、わかりづらい解答となっています。

3 質問に答えるという条件のみ満たした解答

講評　答えるための単語を探しながら、たどたどしく話しています。文が完結しないまま時間切れとなっていますが、答えながら先の文を考えている例は、2 と採点される解答によく見られます。語彙がさほど多くないようです。話し方に問題はありますが、主旨は理解できます。

まとめ

答えは質問文の語句を使う

　採点スケール 2 の解答者に最も不足しているのは語彙です。この形式の問題に答えるときは、頭に適切な単語を思い浮かべながら先へ先へと話さなければなりません。しかし、このレベルの解答者は、単語を思い浮かべてはやめたり、また文に当てはめたりしているため、15 秒があっという間に過ぎてしまいます。

　改善策は、質問で使われた語句を使って答えること。例えば、When is the best time of year to visit your country? に対しては、The best time (of year) to visit my country is .... と答えます。正しく丁寧な答え方であるのはもちろんですが、最大のメリットは答えを考える時間ができること。この文を使って実際に採点スケール 2 の評価を得ている例もあります。

B-Question 5 の解答例・講評

 *採点スケール **1** の解答例・講評*

問題例 B の Question 5 で 1 と採点された 2 つの解答例を聞き、それに対する講評を読みましょう。

Question: When is the best time of year to visit your country?

1 語彙、構文力の欠如

> **講評**　語彙、文法力ともにありません。I think you can come any time. （いつでも来られると思います）とか、All times are good times to come to my country. （いつでもよい季節です）などと言おうとしているのでしょうが、使用している単語と構文のせいで、言いたいことが伝わりません。

2 文を完成できないのが採点スケール **2** との差

> **講評**　質問に答えようという努力は見られますが、答えられるだけの語彙、文法力がありません。15 秒以内で何とか文を完成させて答えをまとめている 2 と採点された解答例と、"I think the best time of my country is, ..." で時間切れとなってしまったこの例との間には、明らかな力の差が見られます。

まとめ

疑問詞に注意する

　質問の最初の疑問詞に注意しましょう。Where ...? なら「場所」、Who ...? なら「人物」、How far ...? なら「距離」といった具合に、最初の疑問詞を聞き取れれば、何について答えればよいかがわかります。そして答えるときは中心となる「場所」、「人物」、「距離」などの内容を考慮して文を組み立てていけばよいのです。

「時」を表す言葉は豊富にある

　通例、When ...? と聞かれた場合は「時」を答えますが、When is the best time of year to visit your country? なので、「時期」に関する答えであれば、どのように答えても構いません。しかし、採点スケール 1 の解答者は「季節」を答えなければならないと考えたようです。語彙の不足も原因ですが、この場合は季節だけでなく、「月」や early in the year （年の始め）といったおおよその時期を答えてもよいのです。

30

採点スケール *3* の解答例・講評

問題例 B の Question 6 で 3 と採点された 7 つの解答例を聞き、それに対する講評を読みましょう。

Question: What is a good place in your country for tourists to visit?

1 スムーズでイントネーションもよい

講評　大変スムーズな話し方です。"I strongly recommend" と言った後に 3 つの場所を紹介しています。最後に "They are so nice." と素晴らしいイントネーションでまとめています。

2 本当に自分が言いたいことを話している

講評　この解答は、質問に忠実に「観光」という視点から話しているため、際立ってよい出来の例と言えます。早口で話し、"traditional" の発音に苦労してはいますが、それでペースが落ちることはありません。本当に自分が言いたいことを話しているという調子で話しています。文句なしの採点スケール 3 です。

3 1 文でも話し方がよい例

講評　1 文だけの答えですが、話し方はスムーズで発音もよいです。文法的にもしっかりしています。こうした点ができていれば、多くを話さなくても採点スケール 3 になるというよい例です。

その他の解答例・講評

4　最初にある場所を勧め、その後でその場所の位置、気候を述べています。スムーズな話し方で、文法の力もあります。語彙も優れていますが、中でも "southeastern"（南東の）は印象的なひと言です。

5　自分が勧めたい場所について熱意を込めて語っています。"You must go (there)." というフレーズを最初と最後に言い、強調しています。非常に流暢で、文法も優れています。

6　最初に一般的な山の風景の素晴らしさについて話した後、質問への答えにあたる 2 つの山の名前を述べています。スムーズな話し方で、文法もよいでしょう。文句なしの採点スケール 3 です。

7　大変よく考えられた導入文ですが、残念ながら時間が足りなくなっています。しかし、途中で切れても採点は話した内容に対して行われますので、スムーズな話し方、適切な語彙、きちんとした文法が評価されて採点スケール 3 となります。

まとめ

1 問目の質問からテーマを絞る

　Questions 5-7 の 3 つの質問には関連性があります。つまり、1 問目の質問内容から、2 問目以降に聞かれる内容を想像することもできます。テーマについて考えをめぐらせれば、2 問目以降の問題では言いたいことも出てくるはずです。

採点スケール 2 の解答例・講評

問題例 B の Question 6 で 2 と採点された 3 つの解答例を聞き、それに対する講評を読みましょう。

Question: What is a good place in your country for tourists to visit?

1 語彙の不足で時間切れ

講評　"Good place in my country is Seoul .... because ... Seoul is ...." で切れています。ソウルを説明するための形容詞が出てこないのです。明らかに語彙の不足です。スピードはゆっくりですが、話し方はよいでしょう。文法は不正確です。

2 発音がわかりづらい

講評　単語の発音に問題があるため、個々の単語はほとんど理解できませんが、勧めたい場所とその理由を説明しようとしています。よって採点スケール 2 となります。

3 話し方と発音に問題がある

講評　たどたどしい話し方で、l と r の発音の区別ができていないなど、誤りがあります。解答は "The best place is ...." という 1 文になっています。3 と採点された解答例にも 1 文だけで答えているものがありましたが、同じ 1 文でも話し方によって採点に差が生じます。

まとめ

語彙不足と発音の問題で言いたいことが伝わらない

　この質問には自分の国にある場所を答えればよいので、何かしら答えられるはずですが、語彙不足のためにそれが言えない場合があります。しかし、この質問で採点スケール 2 を取っている解答例に共通している問題は、話し方の重要な部分を占める発音です。言いたいことはたくさんあるはずですから、たくさんの英語を聞き、単語と文の発音やリズムを練習すれば、スコアは伸びるでしょう。

B-Question 6 の解答例・講評

 採点スケール 1 の解答例・講評

問題例 B の Question 6 で 1 と採点された 2 つの解答例を聞き、それに対する講評を読みましょう。

Question: What is a good place in your country for tourists to visit?

1 質問への答えになっていない

講 評 口ごもりながら "It's very green country. It's a peace and calm country." と話しています。恐らく質問を取り違えているか、自分が言えることを話していると思われます。質問への答えとなっていないので採点スケール 1 となります。

2 途切れる話し方

講 評 口ごもりながら途切れ途切れに答えています。

まとめ

自信を持って話す

　採点スケール 1 を取った解答者に共通するのは、自信がなさそうに話している点です。もしもあなたの解答がこれらの解答例と同じレベルだと感じた場合には、採点スケール 3 を取った解答例の音声を聞き、単語や文を話す声の調子を真似してみましょう。聞いて真似をする練習を重ねれば流暢に話せるようになり、同時に自信もつきます。

採点スケール *3* の解答例・講評

問題例 B の Question 7 で 3 と採点された 7 つの解答例を聞き、それに対する講評を読みましょう。

Question: Describe what tourists would like about this place.

---

1 流暢な、レベルの高い解答

講評 流暢で素晴らしい解答です。前の質問に対する解答内容を知らない人が聞くという前提で、再度、場所の名前と位置、旅行者がどんなことを楽しめるかを説明しています。採点スケール 3 の中でも非常にレベルの高い例です。

---

2 発音、語彙、文法ともに正確

講評 旅行者がどんな光景を楽しめるかを、いくつか例を挙げながら説明しています。最初から最後まで一貫してスムーズに話しています。発音もはっきりし、語彙も非常に正確で、正しい文法を使っています。

---

3 発音のつまずきはその他の要素でカバー

講評 "roof" の発音に苦労していますが、それ以外は大変流暢でスムーズな話し方です。イントネーションも非常によいでしょう。"ancient architecture"（古代建築）といったフレーズを使うなど、語彙力も優れています。発音のつまずきはあっても、採点スケール 3 の解答です。

その他の解答例・講評

4 最後の "winds" の発音がわかりづらいですが、スムーズな話し方です。"a lot of"（たくさん）というフレーズを数回使い、"Korean traditional fruits" のところでは "tangerine or something"（みかんなど）と付け加えるなど、くだけた解答です。語句は正確で、"tropical trees"（熱帯の樹木）など生き生きとした語句で描写しています。

5 上の 4 つの解答例に比べるとスムーズさに欠けます。いくつかの語の発音に苦労していますし、英語らしいリズムとは言いがたいでしょう。しかし、語彙と文法力は優れ、おどおどした様子はありません。

6   ややもたつくところがあり、ときどき聞き取りにくい発音があります。しかし、主旨ははっきりしているので採点スケール 3 となります。

7   非常によい話し方です。単語と構文を戸惑いながら使っている様子ですが、"beautiful scenery"（美しい風景）、"adventure"（冒険）などの語句を使っています。考えをうまくまとめています。

まとめ

話し続けることが肝心

　採点スケール 3 の評価を得る方法は 1 つだけではないことが解答例からわかります。文法や語彙よりも話し方のほうがよい例、また、その逆の例もあります。ただし、採点スケール 3 を取る解答例すべてに共通するポイントは、とにかく話し続けていること。発音や単語の選択に迷ったときも、そこで一時中断することがありません。こうした話し方ができれば英語に自信がつきます。その自信こそが高い評価を得るのに不可欠なのです。自信を持って話せるようになるまで、練習を重ねましょう。

採点スケール *2* の解答例・講評

問題例 B の Question 7 で 2 と採点された 3 つの解答例を聞き、それに対する講評を読みましょう。

Question: Describe what tourists would like about this place.

1 レベルの高い採点スケール 2 の例

講評 ややもたつきのある話し方ですが、発音はなんとか理解できます。採点スケール 2 の中でもレベルの高い方です。

2 主旨は伝わる

講評 話し方のせいで理解しづらい単語が 2 か所あります。ただし、全体として言いたいことははっきりしているので採点スケール 2 です。

3 内容は興味深いが、話し方に問題

講評 口ごもりながら話しているため、完全に理解することは難しい解答です。単語の選別に問題があり、途中で意味が通じない箇所がありますが、生き生きとした描写です。

まとめ

速さよりも明瞭さ

　採点スケール 2 を取った人の中には、速いスピードで、なおかつ、はっきりと話す人がいます。もし両方とも自分には欠けていると思ったら、まずははっきりと話すことを心がけましょう。自分で納得できるようになるまで、声に出して練習をすることが大切です。

1 語 1 語はっきりと

　解答例の音声を聞くと、母語の影響を受けたアクセントでも高いスコアを取れることがわかるでしょう。すべての英単語を上手に発音することは求められていません。しかし、たとえ間違っても、努力していることを示さなければなりません。高いスコアを取るには 1 語 1 語はっきりと発音することが大切です。「焦って話す」「ぶつぶつ言う」「マイクから離れすぎている」「聞き取れないほど小声で話す」などは避けなければいけません。

採点スケール1 の解答例・講評

問題例 B の Question 7 で 1 と採点された 2 つの解答例を聞き、それに対する講評を読みましょう。

Question: Describe what tourists would like about this place.

1 要点はわかるが文法と語彙が問題

講評　発音は採点スケール 1 の中でははっきりしているほうですが、文法と語彙に問題があり、英語を使いこなせる力は乏しいようです。ただし、要点はかなり明白なので採点スケール 1 です。

2 語彙の不足で話し方に勢いがない

講評　非常に断片的な解答です。語彙が不足しているため、話し方にも力強さがありません。

まとめ

使う文の時制

　Questions 5-7 では、発音、イントネーション・アクセント（話し方）、文法、語彙などが採点ポイントに含まれています。「文法」とは、主語と動詞が一致しているか、正しい時制や構文を使っているかなどが評価のポイントとなります。この質問には現在時制を使えばよいでしょう。

「話し方」をブラッシュアップ

　話し方、文法、語彙の中で、採点を最も大きく左右するのは「話し方」です。語彙が乏しければスムーズに話せません。文法の知識がない場合も同様です。ただし、語彙も豊富で文法をよく理解している場合でも、話し方の練習は必要です。英語を聞いて真似る練習をしましょう。

Respond to questions using information provided
Questions 8-10
提示された情報に基づく応答問題

問題の概要

| 設問数 | 3 問 |

| 準備時間 | 資料確認に 45 秒 + 各問の前に 3 秒 |

解答時間　Question 8 と Question 9 は 15 秒、Question 10 は 30 秒

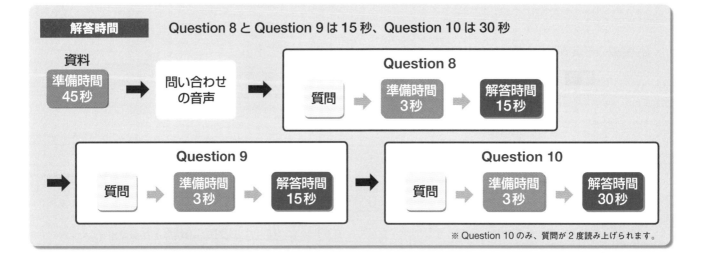

※ Question 10 のみ、質問が 2 度読み上げられます。

課題内容
会議の議題や行事日程の資料を見て、それについての 3 つの質問に答える。
▶ 質問者は、会議や行事について知りたい情報があり、電話をかけてくる。質問者の手元に資料はない。
● Questions 8-9　資料に関する内容が 1、2 点たずねられる。「誰が、いつ、どこで、何のために」といった内容についての質問。
● Question 10　資料に関してやや複雑な説明が求められる質問。

解答のポイント
① 日常または職場での会話を、適切な言葉で行えるか。
② 特定の資料についてある情報が求められたとき、資料を見ながら素早く正確に答えられるか。

高スコアの条件
① それぞれの質問に対して過不足のない内容で答えること。
② ビープ音が鳴って録音が始まったら、間を長くあけずに素早く答えること。
③ 適切な言葉を使い、誰かの質問に答えているようにできるだけ自然に話すこと。

留意点

■ テスト中の留意点 ■

▶ 電話で英語を話す際に必要な技能 ◀

短い時間内で資料を「読み」、相手の３つの質問を「聞き」、探し出した情報を「答える」という複雑な作業が求められる問題です。しかし、複雑に見えるその作業も、電話で英語を話す機会がある会社で働く場合には日常的に必要になります。

▶ 質問内容をすべて記憶する ◀

情報を示す資料は、３つの質問に答える間ずっとコンピュータの画面に出ていますが、Questions 5-7 とは異なり、それぞれの質問文は画面に表示されません。１つの質問で、「時」と「場所」といったように２つの情報を聞かれる場合もあります。何を聞かれているかを覚えておけるように工夫しましょう。

■ テスト準備の留意点 ■

▶ インターネット上の資料を活用して練習する ◀

スケジュールや表、メニュー、広告など、さまざまな資料をインターネットで見ることができます。それらを使って情報を探したり、それについて話したりする練習をしましょう。２人で練習する場合は、お互いに同じ資料を持ちます。そして、１問ずつ質問し合いましょう。話題が尽きるまでずっと繰り返します。その際、資料の上から順番に質問をするのではなく、ランダムに質問をしましょう。

▶ 映画での学習は２回見るのがポイント ◀

この問題の質問者が話すような会話に触れるには、英語字幕対応の映画を利用するのが一番です。その際にはまず、会話の多い映画を選びましょう。また、同じ映画をできれば２回見てください。１回目は英語の字幕を画面に出し、聞いてわからない単語は字幕を見て確認します。２回目は字幕なしで見ましょう。映画の筋は頭に入っていると思いますので、セリフに集中できます。

▶ 声に出して話す練習をする ◀

英語をできるだけたくさん聞いて真似ると、英語らしいリズム、イントネーションや話し方ができるようになります。この問題の練習をする際には、必ず声に出して練習してください。

Speaking Test Questions 8-10 は次のような問題形式で出題されます。音声を聞いて確認しましょう。

Directions: In this part of the test, you will answer three questions based on the information provided. You will have 45 seconds to read the information before the questions begin. You will have 3 seconds to prepare and 15 seconds to respond to Questions 8 and 9. You will hear Question 10 two times. You will have 3 seconds to prepare and 30 seconds to respond to Question 10.

STARTING AND MANAGING YOUR OWN BUSINESS

Date: May 27

Location: Bristol Office Building

Seminars: 9:00 A.M. "Financing Your Business," Room 210—*Martha Ross, Certified Public Accountant*

11:00 A.M. "How to Promote Your Own Business," Room 312—*Howard Brown, Brown Publishers*

OR

11:00 A.M. Planning for Profit, Room 318—*John Phillips, Phillips Associates*

1:00 P.M. Lunch*

2:00 P.M. Sales Techniques Workshop, Room 246—*Helen King, West Side Consultants*

4:00 P.M. General Discussion

Registration Fee: Individuals, $95.00

Members of the Business Information Center, $75.00

---

*Not included in registration fee

(45秒後、問い合わせの音声が聞こえます。実際のテストでは、以下のメッセージと質問は画面に表示されません)

Hello, I'm calling about a conference on May 27 I saw advertised in the newspaper. It's about starting your own business. I was hoping you could give me some information.

(実際には、質問は1問ずつ読まれます。また Question 10 のみ、2度読まれます)

Question 8 Could you tell me what time the conference starts and how long it will last?

Question 9 How much does conference attendance cost?

Question 10 I may not be available for the full day. Could you give me information about the activities in the morning, before lunchtime?

(Narrator) Now listen again.

I may not be available for the full day. Could you give me information about the activities in the morning, before lunchtime?

ディレクション：この問題では、提示された情報に基づいて、3 つの質問に解答します。質問が始まる前に、提示された情報を 45 秒で読んでください。Question 8 と Question 9 には 3 秒の準備時間があり、15 秒で解答してください。Question 10 は質問を 2 度聞きます。Question 10 には 3 秒の準備時間があり、30 秒で解答してください。

Bristol ビジネスコンサルタント

事業の立ち上げと経営について

日付：　　5 月 27 日

場所：　　Bristol Office Building

セミナー：9:00 A.M.　「事業の資金調達」210 号室－ Martha Ross、公認会計士

11:00 A.M.「事業を宣伝するには」312 号室－ Howard Brown、Brown 出版社

または

11:00 A.M.「収益計画」318 号室－ John Phillips、Phillips Associates

1:00 P.M.　昼食 *

2:00 P.M.　「販売技術についてのワークショップ」246 号室 － Helen King、West Side Consultants

4:00 P.M.　全体討論

参加費：　一般　95 ドル

ビジネス・インフォメーション・センターの会員　75 ドル

＊参加費に含まれていません

Speaking Test

Questions 8-10

もしもし。新聞広告で見ました 5 月 27 日の会議の件でお電話しました。新事業の立ち上げに関する会議です。いくつか教えていただければと思います。

質問 8　　　　会議は何時に始まって、どのくらい続きますか。

質問 9　　　　会議の参加費用はいくらですか。

質問 10　　　丸一日は参加できないかもしれないのですが、午前中、昼食前までの内容を教えていただけますか。

（ナレーター）　ではもう一度聞いてください。

丸一日は参加できないかもしれないのですが、午前中、昼食前までの内容を教えていただけますか。

採点ポイント

Speaking Test Questions 8-10 は以下の **7** 点について採点されます。

- 発音
- イントネーション・アクセント
- 文法
- 語彙
- 一貫性
- 内容の妥当性
- 内容の完成度

解答は以下の採点ポイントに基づいて **0** から **3** で評価されます。

採点スケール	採点ポイント
3	解答は質問に対して十分で、関連性があり、社会的にも適切な応答ができている。提示された情報に基づく課題に対しては、資料や文書の情報も正確に答えている • 聞き手はすんなりと理解できる • 適切な語彙・語句を使っている • 課題に合った構文を使って答えている
2	質問に対してはある程度適切に答えているが、完全ではなく、適切でない部分もある。また、提示された情報に基づく課題には、正確に答えていない部分がある • 聞き手が理解しづらい箇所があるが、概ね理解できる • 全体的な意味ははっきりしているものの、語彙・語句が限定されていたり、やや適切でない場合がある • 構文の使用が不適切なため、聞き手が理解するためには多少の努力を要する • 提示された情報に基づく課題に関しては、資料や文書から関連した情報を見つけることができるが、それらを関連のない情報と区別したり、聞き手が理解しやすいように言い換えることはできない
1	質問に対して十分に答えていない。関連する情報が十分に伝わっていない • 聞き手は理解するのにかなり苦労する • 語彙・語句が不正確であったり、質問と同じ内容を繰り返す • 構文の使用が不適切なため、意味の理解が妨げられてしまう
0	無解答、もしくは解答の中に英語が含まれていない、またはテストと全く関係ないことを答えている

＊解答は各採点スケールの採点ポイントに基づいて評価されますが、ポイントのすべてを網羅していなければならないというわけではなく、総合的に評価されます。

Speaking Test Questions 8-10 では、資料を読んだ後、それに関する3つの質問を聞きます。それぞれを音声ファイルで聞きましょう。

Directions: In this part of the test, you will answer three questions based on the information provided. You will have 45 seconds to read the information before the questions begin. You will have 3 seconds to prepare and 15 seconds to respond to Questions 8 and 9. You will hear Question 10 two times. You will have 3 seconds to prepare and 30 seconds to respond to Question 10.

New Employee Orientation

Date: Monday, July 5
Arrival: Reception Area, Tower Building
Schedule: 9:30 - 10:00   Tour of work areas — *John Monroe*
            10:00 - 10:45   Paperwork and Forms — *Pauline Smith (Human Resources)*
            10:45 - 11:00   Break*
            11:00 - 11:45   Individual Meetings: Human Resources Representatives
            12:00 - 1:00   Lunch — Main cafeteria
            1:00 - 2:30   Introduction of team members — *David White, Vice President*
            2:30 - 4:30   Review training materials — *John Monroe*

---

*Coffee and rolls available, coffee cart, building lobby

（45秒後、問い合わせの音声が聞こえます。実際のテストでは、以下のメッセージと質問は画面に表示されません）

Hi! This is Phil Taylor in Operations. I'm new here, and my boss just told me about the orientation session you're having on Monday. She wasn't sure about the details, so I have a few questions.

（実際には、質問は1問ずつ読まれます。また Question 10 のみ、2度読まれます）

Question 8   Where is the session going to be held and what time am I supposed to be there?

Question 9   My boss said her friend Mrs. Anderson was going to show us around the building. Is that still on?

Question 10   I heard there would be a talk about all the forms we have to fill in. Could you tell me what else we will be doing, besides that?

（Narrator）   Now listen again.

I heard there would be a talk about all the forms we have to fill in. Could you tell me what else we will be doing, besides that?

対訳は79ページにあります。

A-Question 8 の解答例・講評

 採点スケール *3* の解答例・講評

問題例 A の Question 8 の問題で 3 と採点された 6 つの解答例を聞き、それに対する講評を読みましょう。

Question: Where is the session going to be held and what time am I supposed to be there?

1 よい解答だか、質問内容以上のことは答えなくてよい

講評 非常によい解答です。ほんのわずかに口ごもっていますが，話し方は非常に明瞭でスムーズです。語彙も適切で内容も正確です。質問された以上のことを答えようとして時間切れとなっていますが，聞かれていない内容まで答える必要はありません。

2 些細な誤りで減点はされない

講評 やや口ごもっていますが、はっきりと話しています。語彙もよく、内容も正確です。文法は完全ではありません。"The session will be held in the Tower Building at the Reception Area, so you should be there by <u>the</u> 9:30."（正しくは下線部の the は不要）の "so" は、この場合の接続詞としては適切ではなく、and とすべきです。しかし、たいした誤りではありません。採点スケール 3 の中でもレベルの高い解答例です。

3 必要な情報をわかりやすく伝える

講評 単刀直入かつ親しげで、プロフェッショナルな解答です。言葉をはっきり発音しようという努力が見られます。文句なしの採点スケール 3 です。余計なことを答える必要はありません。この解答例のように、会合が開かれる時刻と場所だけを伝えれば、採点スケール 3 の評価を得られます。

その他の解答例・講評

4 発音とイントネーションに母語の影響が見られますが、問題なく理解できます。よくまとまった正確な内容を伝えています。採点スケール 3 の典型的な例です。

5 すべてではありませんが、ほぼ正確な情報を伝えています。"Tower Building" の場所を伝えていますが、Reception Area には触れていません。また、9 時に会場に来るように言っていますが、会合の開始時刻が 9 時 30 分であることにも触れていません。恐らく、早めに来たほうがよいと判断してこう言っているのでしょう。スムーズな話し方で語句は適切、正しい文法を使っています。この解答例から、採点スケール 3 の評価を得るには完璧に答えなくてもよいことがわかると思います。流暢に、場所と時刻を伝えていれば採点スケール 3 となります。

6 "reception" という語を言うのに苦労し、"session" と言っているように聞こえます。やや口ごもっていますが、話し方はスムーズで自然に聞こえますし、伝える内容の主旨ははっきりしています。

「場所」と「時」をわかりやすく伝える

採点スケール3の解答例からもわかるように、高い評価を得るのに必要な条件は、①質問内容に沿って答える、②できるだけ自然に話す、の2つです。

①はこの問題の場合、会合の場所と時間を答えればよく、それ以外のことを加える必要はありません。

②については、必要に応じて普段よりもはっきりと落ち着いて話すように心がけます。母語の影響はある程度許容されます。ただし、できるだけ明瞭に、親しげに、場面に応じた調子で話しましょう。この問題では、あなたはある会社の社員の役です。新入社員のためのオリエンテーションが予定されており、新入社員にその情報を伝えます。役になりきって話すことも、高い評価を得る上で欠かせない要素となります。

問題例 A の対訳

ディレクション：この問題では、提示された情報に基づいて、3つの質問に解答します。質問が始まる前に、提示された情報を45秒で読んでください。Question 8 と Question 9 には3秒の準備時間があり、15秒で解答してください。Question 10 は質問を2度聞きます。Question 10 には3秒の準備時間があり、30秒で解答してください。

新入社員オリエンテーション

日付：	7月5日（月）
集合：	Tower Building の受付
日程：	9:30 - 10:00　職場案内－ John Monroe
	10:00 - 10:45　書類手続－ Pauline Smith（人事部）
	10:45 - 11:00　休憩＊
	11:00 - 11:45　人事部担当者による個別面談
	12:00 - 1:00　昼食－メインカフェテリアにて
	1:00 - 2:30　社員紹介－副社長 David White
	2:30 - 4:30　研修用資料の見直し－ John Monroe

＊ ロビーのワゴンに、コーヒーとロールパンが用意してあります

もしもし。業務部の Phil Taylor です。新入社員なのですが、上司から、月曜日にオリエンテーションが開かれると聞きました。彼女は詳しいことはわからなかったので、いくつか質問します。

質問8　オリエンテーションはどこで開かれますか。また、何時にそこにいればよいですか。

質問9　上司によると、彼女の友人の Anderson さんが建物内を案内してくださるとのことですが、予定通りですか。

質問10　書類の記入についての話があると聞きましたが、ほかにはどんなことをするのか教えていただけますか。

（ナレーター）　ではもう一度聞いてください。

書類の記入についての話があると聞きましたが、ほかにはどんなことをするのか教えていただけますか。

39 *採点スケール2 の解答例・講評*

問題例 A の Question 8 で 2 と採点された 3 つの解答例を聞き、それに対する講評を読みましょう。

Question: Where is the session going to be held and what time am I supposed to be there?

1 **場所についてしか答えていない**

講評 まずまずスムーズな解答です。場所については答えられていますが、集合時間がどこに書かれているかを見つけられないまま時間切れとなっているため、採点スケール 2 です。

2 **集合時間しか答えていない**

講評 スムーズに解答していますが、2 つ目の集合時間についての質問だけに解答し、1 つ目の質問内容に解答するのを忘れてしまったようです。よって採点スケール 2 となります。

3 **やや的外れな答え**

講評 9 時 30 分に会合が始まるため、何時に到着したらよいかということに気をとられ、9 時 15 分という結論を出すのに 15 秒を費やしています。親切な答えではありますが、もう 1 つの場所についての質問に答えていないため、採点スケール 2 となります。

まとめ

資料の見方に慣れよう

この問題では必ず資料が提示されます。その資料を見れば必ず答えられる問題ですが、2 と採点された解答例の中には、必要な情報を探し出せずに時間切れとなってしまうケースが見られます。会議の予定表や行事予定などの資料の様式、構成、内容に慣れておくと、情報を探しやすくなるでしょう。

2 つの質問に答える練習

73 ページの「テスト準備の留意点」で、ペアになって 1 問ずつ質問し合う練習法を紹介しました。それに慣れたら次に、1 度に 2 つの質問をし、質問された側は両方に答える練習をしてみましょう。この質問では会合の始まる「場所」と「時刻」がたずねられていますが、採点スケール 2 の解答例の多くがそのうちの片方にしか答えていないため、2 と採点されています。この練習法で、2 つの質問を聞き取り、覚え、その両方に答えられるようにしましょう。

採点スケール *1* の解答例・講評

問題例 A の Question 8 で 1 と採点された 2 つの解答例を聞き、それに対する講評を読みましょう。

Question: Where is the session going to be held and what time am I supposed to be there?

1 必要な情報を探して伝える力がない

講評 情報を探し、それを伝えるだけの力がありません。何か話そうとはしていますが、結局内容のあることを言えずに時間切れとなりました。

2 必要な情報を一切答えていない

講評 "I'm happy to tell you ... that maybe your session will be held ..." という内容は適切ですが、非常に苦労しているうえ、肝心な情報は何も伝えずに終わっています。

まとめ

準備時間の 45 秒で資料の全体像をつかむ

画面に資料が出てきたら、まずはざっと目を通し、何の資料かという全体像をつかみましょう。どのような構成になっていますか。場所や開始時間、終了時間を知りたいときはどこを見たらよいでしょうか。その資料には何かの値段が書かれていますか。全体像をつかめれば、各々の質問に対してどこを見て答えればよいかがわかります。

資料を使った質問例

73 ページと 80 ページで、2 人で同じ資料を見ながらお互いの質問に答える練習を紹介しました。資料によって質問の内容は異なりますが、質問の一例を参考までに紹介します。

- What time does the meeting start? 会議は何時に始まりますか。
- What time does it end? それは何時に終わりますか。
- What are the names of the various sessions? いろいろある会合は、どんな名前ですか。
- Where is each of the sessions located? 各会合はどこで行われますか。
- What time do they start and end? それらは何時に始まり、何時に終わりますか。

採点スケール3の解答例・講評

問題例 A の Question 9 で 3 と採点された 7 つの解答例を聞き、それに対する講評を読みましょう。

Question: My boss said her friend Mrs. Anderson was going to show us around the building. Is that still on?

1 15 秒間に必要な情報を網羅

講評 "I'm afraid I'm not sure."（あいにく確信はないのですが）と始めていますが、その後、John Monroe が案内をし Anderson さんは来ないという内容を、15 秒間にまとめて伝えており、優れた解答です。話し方はよく、語彙、文法とも素晴らしいです。採点スケール 3 の中でもレベルの高い解答です。

2 質問に丁寧に答えている

講評 Is that still on? という質問を受け、"Sure." と明確に答えています。その後にツアーの時間帯と案内役が John Monroe である点を説明しています。重要なのは、ツアーの案内役が Monroe さんである点ですから、この場合、Anderson さんの名前を出さなくても高い評価を得られます。

3 必要な情報をはっきり伝えれば、長く答える必要はない

講評 "Yes, it's still on. It will be from 9:30 to 10 with John Monroe." と答え、ツアーの案内役が変更になったことを伝えています。短い解答ですが、話し方は明瞭で、語句も適切、文法も正確です。必要な情報をはっきり伝えれば、長く話す必要はないという例です。

その他の解答例・講評

4 Anderson さんは案内をせず、John Monroe が案内をする、と言っています。必要な情報をすべてスムーズに話している点で非常によい解答です。語彙、文法とも優れています。

5 さほど流暢だとは言えませんし、Mrs. Anderson を Mr. と言っています。しかし、この課題の中では、これらは小さな誤りです。とてもよい採点スケール 3 の例です。

6 "At 9:30 there is a tour of work areas by John Monroe." と答えています。資料に書かれたことだけを読み、前ページの解答例のように、ほかの情報には触れていません。しかし、これがここで必要な情報です。よい話し方で、資料から引用した語句を、文法的に合うように変えて使っています。

7 話し出すのが遅れ、途中でもつかえたため、"Yes, the building tour will start about 9:30, with John..." で時間切れとなっています。あとに Monroe と続けようとしたのでしょうが、少なくとも John という名前を伝えている点が評価できます。

まとめ

この質問へのベストの解答

　3 と採点された解答例には、「ツアーが予定通り実施される」「案内役の担当者が誰かを答える」「Anderson さんと Monroe さんの変更に触れている」などいろいろな内容の解答があります。その中で、最もすっきりとしたレベルの高い解答は、「ツアーが予定通り実施されること」「その時間帯」「案内役が Anderson さんから Monroe さんに変更されたこと」の 3 点を伝える解答です。

*採点スケール **2** の解答例・講評*

問題例 A の Question 9 で 2 と採点された 3 つの解答例を聞き、それに対する講評を読みましょう。

Question: My boss said her friend Mrs. Anderson was going to show us around the building. Is that still on?

1 情報は正しいが発音が不明瞭

講評 質問に対し必要な情報を答えていますが、話し方に問題があります。話し方が途切れ途切れで発音がはっきりしない点や、"it's start" など、文法的に正しくない表現がある点で採点スケール 2 となります。

2 アクセント、リズム、文法に問題

講評 解答の内容は非常によいです。しかし、母語のアクセントの影響、リズムなど、話し方に問題があります。また、"It's no more Miss Anderson." という誤った文も大きく影響して、採点スケール 2 となります。

3 スムーズな話し方でない

講評 スムーズな話し方ではありません。何回かつかえていますし、"tour of work area" の発音にも苦労しています。ツアーが行われるかどうかについては答えていますが、担当者については触れていません。ですが、採点スケール 2 の中ではレベルの高い解答です。

まとめ

内容と話し方の両方を満たして採点スケール 3

　この問題では、答えの内容と話し方の両方が採点の対象となります。話し方、語彙、文法がよくても、誤った情報を答えていると採点スケール 2 となります。また、その反対に、情報は正しくても、発音や文法上の問題、途切れがちな話し方といった項目に引っかかると、採点スケール 2 になります。

　また、答えの内容に誤りはないものの、質問されたすべての点に返答していないケースもあります。恐らく、質問を理解していないか、質問文が長いため、最初に言われた質問を忘れてしまっているかでしょう。スピーキング力とリスニング力の両方を鍛え、質問の内容をすべて覚えておく方法を工夫する必要があります。

採点スケール1 の解答例・講評

問題例 A の Question 9 で 1 と採点された 2 つの解答例を聞き、それに対する講評を読みましょう。

Question: My boss said her friend Mrs. Anderson was going to show us around the building. Is that still on?

1 **どんな質問にも合う答え**

> **講評**　解答には "Yes, I think so." しか、質問に対して意味をなす部分がないため、スピーキング力が非常に乏しいと判断されます。また、資料についての言及が全くないという点で採点スケール 1 となります。

2 **資料に基づいた答えではない**

> **講評**　文法的には正しく、語彙もまずまずです。しかし、資料を読み解いて答えるまでに至っていません。

まとめ

採点スケール 1 と評価されるのは

　採点スケール 1 になるのは、質問に正しく解答していない場合です。しかし、無回答の場合は採点スケール 0 ですが、間違った内容であれ、資料と少しでも関連があると見なされる答えであれば、採点の対象になります。質問が聞き取れない場合も、恐らくこう質問されたのだろうと想像して何か答えてください。

頭で考えるだけでなく声に出すのが重要

　評価を上げるには、まず、採点スケール 3 と評価された解答例の音声を答え方に注意しながら聞いてみましょう。その後で、話し方を真似し、自分だったらほかにどんな答えが言えるかを考えましょう。その際、頭で考えるだけでなく、声に出すことが大切です。自分の話す英語を聞くことは、スピーキングに自信をつける上で有効です。

採点スケール *3* の解答例・講評

問題例 A の Question 10 で 3 と採点された 7 つの解答例を聞き、それに対する講評を読みましょう。

Question: I heard there would be a talk about all the forms we have to fill in. Could you tell me what else we will be doing, besides that?

1 ほとんど誤りのない流暢な答え

講評 非常に流暢な解答です。研修内容、その時間帯、担当者について、ほぼ正確に答えています。採点スケール 3 の中でも非常にレベルの高い解答です。

2 詳細な点まで説明している

講評 資料の細部まで、ほぼすべてを答えています。1、2 か所、発音に苦労しているところはあるものの、よい話し方で、採点スケール 3 の典型的な解答です。

3 明瞭にほぼすべての情報を伝達

講評 休憩については触れず、Introduction of Team Members を "Introduction of Learn Members" と言っていますが、30 秒という制限時間内で、それ以外のすべての情報を伝えています。話し方はとても明瞭で、非常によいでしょう。

その他の解答例・講評

4 上記の解答例に比べると詳細ではありませんが、流暢でとても自然に聞こえます。語彙、文法とも問題なく、内容も正確です。

5 ただ単に資料の項目を読み上げるのではなく、文をうまくアレンジして、時間帯、研修内容、担当者を伝えています。"in the afternoon, one o'clock, we are going to introduce our team members" という文から、自分がその組織の一員であるかのように話していることがわかります。生き生きとした解答例です。

6　研修内容しか述べていませんが、それぞれをはっきりと答え、"and finally we'll have" といった表現を必要に応じて加えながら答えを組み立てています。話し方はよく、文法、語彙もほぼ適切です。

7　最初に "Ok, um, you will be doing paperwork and filling in the forms." と言ってからほかの研修について詳細に話しています。ここでは paperwork については話す必要はありませんが、話しても減点されることはありません。複数形の名詞が単数形になっているところがありますが、大部分は文法的にも正しくまさに採点スケール 3 と評価される例です。

まとめ

高い評価を得るカギは、質問を素早く理解すること

　この問題をうまくこなすコツは、質問の意味を正確に理解することです。やや長めの質問ですが、2 度読まれるので、1 度目で一部を聞き逃しても焦らず、2 度目で確認しましょう。ここでは「書類の記入」以外に、資料にある項目を挙げればよいことがわかったら、資料を見て答えを組み立てながら、30 秒間で解答していきます。休憩や昼食についても述べている例もありますが、仕事と関連のある一連の活動と考えれば、どちらでも構いません。

わずかな発音のひっかかりは減点にならない

　資料の中の "Human Resources Representatives"、"materials"、"John Monroe" といった語句の発音に苦労している例もあります。解答全体を通して発音に問題がある場合は評価が下がりますが、特定の語だけの問題であれば減点の対象にはなりません。

採点スケール2の解答例・講評

問題例 A の Question 10 で 2 と採点された 3 つの解答例を聞き、それに対する講評を読みましょう。

Question: I heard there would be a talk about all the forms we have to fill in. Could you tell me what else we will be doing, besides that?

1 発音のせいで理解しづらい

> **講評** 非常に詳細な情報を伝えていますが、話し方に問題があります。単語の発音がうまくできず、聞き手が理解しづらい部分があります。よって採点スケール 2 となります。

2 話し方、文法に問題があるが、情報はほぼ正しい

> **講評** ゆっくり、つかえがちに話しています。前半の "And also paperworks from 10 p.m. to quarter to 11, ..." の "paperworks" は paperwork とすべきです。"10 p.m."「午後 10 時」は、資料によると 10 a.m.「午前 10 時」です。なお、質問では「書類の手続のほかに何があるか」とたずねているので、"And also paperworks" では意味が通じません。こうした誤りはありますが、概ね正しいことを言っているので採点スケール 2 となります。

3 顕著な母語の影響

> **講評** 必要な情報は述べているものの、母語の影響を受けたイントネーションと発音が障害となり、理解しづらい解答となっているので、採点スケール 2 となります。

まとめ

採点スケール 3 と 2 の差は、1 語 1 語の発音

採点スケール 3 の解答と 2 の解答との差は、答えの内容ではなく「話し方」にあります。途中で止まったり、自信がなさそうであったり、母語の影響が採点者の理解を妨げているのが 2 の解答の特徴です。また、このレベルの受験者は、慌てて話すために単語と単語の切れ目がわかりづらい傾向があります。その結果、文のリズムも乱れてしまいます。

よりよい評価を得るには、まず 1 語 1 語を明確に話すように心がけてください。最初は話すスピードが落ちるかもしれませんが、流暢に話せるようになるための第一歩として重要です。

採点スケール 1 の解答例・講評

問題例 A の Question 10 で 1 と採点された 2 つの解答例を聞き、それに対する講評を読みましょう。

Question: I heard there would be a talk about all the forms we have to fill in. Could you tell me what else we will be doing, besides that?

1 質問と関係ない内容を話している

> **講 評** 質問の内容を取り違えているようです。また、文法的にも正しくない解答です。

2 質問に出てきた語句だけに注目している

> **講 評** 書類手続（paperwork）について述べているだけで、質問で要求されている paperwork 以外の内容については答えていないため、採点スケール **1** となります。

Speaking Test

Questions 8-10

まとめ

質問を正しく聞き取る

　上記の 1 と採点された解答例では、質問の内容を理解していないことがわかります。質問は、書類の記入「以外」の活動についてたずねていますが、採点スケール 1 の解答者は、資料の「書類手続」（Paperwork and Forms）と書かれた行にばかり注目しています。多くのことを話している人もいますが、質問への答えに近づいてはいません。besides that（そのほかには）という表現を知っていれば、質問を正しく理解できたでしょう。

追加情報を答える練習

　What else? は「～のほかに何がありますか」という意味の質問で、英語ではよく使われます。資料を読み取る練習をしているとき、また、誰かと話す練習をしているとき、常に What else?、What else besides ～？ という質問を自分や相手に投げかけてみましょう。よりよい答えを考えるきっかけになり、1 つの答えに加えてさらにもう 1 つの答えを考える習慣がつきます。

問題例 B

Speaking Test Questions 8-10 では、資料を読んだ後、それに関する3つの質問を聞きます。それぞれを音声ファイルで聞きましょう。

Directions: In this part of the test, you will answer three questions based on the information provided. You will have 45 seconds to read the information before the questions begin. You will have 3 seconds to prepare and 15 seconds to respond to Questions 8 and 9. You will hear Question 10 two times. You will have 3 seconds to prepare and 30 seconds to respond to Question 10.

TOPIC:

Web Site Development

SCHEDULE OF SEMINARS:
Tuesday, May 3 — Web Site Design Basics
Wednesday, May 4 — Selecting the Right Web Design Software
Friday, May 6 — Getting Started on Your Site

PLACE:
Milton Hotel, Exhibit Hall
(all seminars)

TIME:
1:00 P.M. — 4:00 P.M.

INSTRUCTORS:
Susan Smith, Technology Center Director, Baytown University
Stephen Werner, Instructor, Manchester Technical Institute

(45秒後、問い合わせの音声が聞こえます。実際のテストでは、以下のメッセージと質問は画面に表示されません)

Hi. My supervisor wants me to learn something about web site development, and he gave me your number, since you're supposed to be offering some seminars next week.

(実際には、質問は1問ずつ読まれます。また Question 10 のみ、2度読まれます)

Question 8 Where are the different seminars being held?

Question 9 Who will be leading the seminars?

Question 10 Could you tell me something about the topics of the different seminars?

(Narrator) Now listen again.

Could you tell me something about the topics of the different seminars?

対訳は 92 ページにあります。

問題例 B の解答例・講評

B-Question 8 の解答例・講評

 ## 採点スケール *3* の解答例・講評

問題例 B の Question 8 で 3 と採点された 6 つの解答例を聞き、それに対する講評を読みましょう。

Question: Where are the different seminars being held?

1 話し方、内容ともに素晴らしい

> **講評** 話し方が非常によく、優秀な解答です。ただし、答えの中の "gonna be held" は、場面にふさわしい動詞の使い方ではありません。

2 場所を答えられればよい

> **講評** 質問で聞かれていない、セミナーが開かれる時間についても答えていますが、"Milton Hotel, Exhibit Hall." という部分が答えられているので、採点スケール 3 です。

3 質問に正確に答えている

> **講評** 述語部分の "will be held" を考えながら、ためらいがちに話していますが、質問に対して正確に答えていますので採点スケール 3 です。

その他の解答例・講評

4 母語の影響がいくらか見られますが、採点スケール 3 のレベルをすべて満たしています。

5 "Seminars are held in Milton Hotel, Exhibit Hall." という解答で、採点スケール 3 のレベルを十分満たしています。

6 話し方は秀逸というわけではありません。セミナーが開かれる場所について述べた後、時間切れになるまで、セミナーの内容について話し続けています。Exhibit Hall と言うべきところを Exhibition Hall と言っていますが、意味が近いことと、流暢に話している点が評価できるので採点スケール 3 となります。

まとめ

状況に即したスムーズな解答を

　採点スケール 3 を取った解答例から、さまざまな母語が解答の英語に影響しているのがわかりますが、どれも採点スケール 3 に相当します。重要なのは、スムーズに、状況に応じた話し方ができるかどうかということです（この設問では、社会人相手にセミナーが開かれる場所を伝える場面です）。Milton Hotel, Exhibit Hall という名前はノンネイティブスピーカーにとって言いづらいようですが、採点スケール 3 の解答者は、はっきりと発音しています。また、3 を取った解答は、文法もかなりきちんとしています。

質問に対する答え以外の情報を加える必要はない

　相手から聞かれた質問に対する答え以外のことを長々とつけ加える必要はありません。かえって聞き手に余計な負担を与えてしまい、よい解答とは言えません。Where are the different seminars being held? という質問に、日時や担当者まで答える必要はありません。

問題例 B の対訳

ディレクション：この問題では、提示された情報に基づいて、3 つの質問に解答します。質問が始まる前に、提示された情報を 45 秒で読んでください。Question 8 と Question 9 には 3 秒の準備時間があり、15 秒で解答してください。Question 10 は質問を 2 度聞きます。Question 10 には 3 秒の準備時間があり、30 秒で解答してください。

テーマ：ウェブサイトの開発

セミナー日程：
5 月 3 日（火）ウェブサイトデザインの基本
5 月 4 日（水）適切なウェブデザインソフトの選択
5 月 6 日（金）サイトの立ち上げ

場所：
Milton Hotel 内、Exhibit Hall
（全セミナー）

時間：
1:00 P.M. − 4:00 P.M.

講師：
Susan Smith（Baytown 大学、Technology Center 所長）
Stephen Werner（Manchester Technical Institute 講師）

もしもし。上司にウェブサイトの開発について学ぶようにと言われ、この電話番号を教えてもらったのですが、御社で来週セミナーが開かれるそうですね。

質問 8　　　　それぞれのセミナーはどこで開かれますか。

質問 9　　　　セミナーを指導するのはだれですか。

質問 10　　　それぞれのセミナーの内容について教えていただけますか。

（ナレーター）　ではもう一度聞いてください。

それぞれのセミナーの内容について教えていただけますか。

採点スケール*2*の解答例・講評

....

問題例 B の Question 8 で 2 と採点された 3 つの解答例を聞き、それに対する講評を読みましょう。

Question: Where are the different seminars being held?

1 **情報の一部を抜かしている**

> **講評** はっきりと、かなりスムーズに話しています。しかし、**Milton Hotel** にだけ言及し、ここで重要なもう 1 つの情報（= **Exhibit Hall**）が抜けているため、採点スケール 2 となります。

2 **正しい情報を答えていても、話し方で減点**

> **講評** 採点スケール 3 のレベルに近いのですが、話し方のせいで理解しづらい解答になっています。また、文法にも問題があり、聞き手はすんなりと理解できません。よって採点スケール 2 となります。

3 **途切れ途切れな話し方で、情報も抜けている**

> **講評** 典型的な採点スケール 2 です。言葉を慎重に探しながら話しています。つかえながら話しているのと、"Exhibit Hall" という情報が抜けているために採点スケール 2 となります。

まとめ

カンマで並列されている情報は、どちらも大切

　この質問はセミナーが開かれる場所をたずねています。資料の PLACE の欄には Milton Hotel, Exhibit Hall とありますが、これは、「Milton Hotel の Exhibit Hall」という意味。Exhibit Hall を言わないのは重大な誤りになります。ところが、採点スケール 2 の解答例のほとんどで、どちらかが抜けています。2 つの語句がカンマだけで区切られて並列している場合は、両方とも同等に大切な情報である場合が多いことを覚えておきましょう。

採点スケール 1 の解答例・講評

問題例 B の Question 8 で 1 と採点された 2 つの解答例を聞き、それに対する講評を読みましょう。

Question: Where are the different seminars being held?

1 上手な話し方だが、答えの焦点がずれている

講評 とても上手に話しています。使用している語句、文法ともによいでしょう。しかし問題なのは、質問に対して答えていない点です。ここでは、セミナーが開かれる「場所」をたずねられていますが、この解答者はそれには触れず、資料にあるセミナーの種類を読み上げています。どんなに話し方が上手でも質問に対して答えていなければ、採点スケール 1 になります。

2 途切れがちで、質問にも答えていない

講評 途切れがちな話し方で、発音も非常に不明瞭です。セミナーの名前と開催日を答えていますが、これも質問に対する答えになっていません。よって採点スケール 1 です。

まとめ

質問に正確に答える

　採点スケール 1 よりも高い評価を得るには、たずねられた質問に正しく答えなければなりません。上記の解答例 1 で紹介したように、堂々とした話し方で文法も適切、使用している語句に問題がなくても、質問に対する答えになっていなければ採点スケール 2 以上の評価は得られません。

自信を持って答えられるように練習する

　1 と採点された解答例の多くが、話すことに非常に気後れしているようです。恥ずかしいと思っているのか、単に答えるための語彙が不足しているのかもしれません。テストを受ける前に、何度も話す練習をして慣れておく必要があります。

採点スケール *3* の解答例・講評

問題例 B の Question 9 で 3 と採点された 7 つの解答例を聞き、それに対する講評を読みましょう。

Question: Who will be leading the seminars?

1 15秒ですべての情報を含んだ解答

講評　2人の講師について、名前、肩書き、所属大学名をすべて答えています。15秒間でこれらすべてを答えるのは、かなり流暢でなければできないことです。採点スケール 3 の中でも非常にレベルの高い解答例です。

2 要点を最初に言う

講評　最初に "We have two instructors." と言って要点を紹介し、その後で "Susan Smith" の名前と肩書き、所属大学を説明しています。"Stephen Werner" について紹介し始めたところで時間切れとなりました。"Stephen Werner" についても同様に説明をしようとしていたのは明らかです。レベルの高い解答例です。

3 読解と応答を同時に行なう

講評　資料に目を通し、答えを探しながら話す作業を同時に行い、講師の名前をきちんと伝えています。非常に流暢な解答です。

その他の解答例・講評

4　講師の名前の発音に苦労し、この部分で話すスピードが落ちています。その後、"Susan Smith" の肩書きと所属大学を述べています。"Stephen Werner" について話そうとし始めたときに時間切れとなりました。話し方に問題はあるものの、多くの情報を伝えている点が評価された例です。

5　話し方に問題があります。ただし、発音を直せるところは言い直しています。セミナーの講師が 2 人いることと、それぞれの名前だけを答えていますが、要点を述べているので、採点スケール 3 の評価に十分値します。

6　文法上の細かい誤りはありますが、非常によい解答です。採点スケール3のレベルを満たしています。

7　"Stephen Werner also instructor ..." は正しくは Stephen Werner is also an instructor... とすべきです。また、"you can conduct with him ..." は単語の使い方に間違いがあります。"conduct" は、A leader conducts the seminar.（リーダーがセミナーを行う）が正しい使い方。受講する側を主語にするときは "conduct" ではなく、The student takes（または enrolls in）a seminar.（生徒がセミナーを受講する）としなければなりません。しかし、これらの文法、単語の間違いによって主旨がわからなくなるほどではありません。よって採点スケール3になります。

まとめ

語句の言い換えを見抜く

　Who ...? とたずねられたら、まず名前を探しましょう。資料には Instructors（講師）と書かれていますが、質問では Who will be leading the seminars? と言い換えています。これを聞いたときに、2つの表現が同じことを言っているのに気づくことも大切です。

B-Question 9 の解答例・講評

 採点スケール*2*の解答例・講評

問題例 B の Question 9 で 2 と採点された 3 つの解答例を聞き、それに対する講評を読みましょう。

Question: Who will be leading the seminars?

1 正しい情報を答えても、話し方で減点

講 評　講師 2 人の名前をあげていますが、"Susan Smith and Stephen Werner." だけで、それ以外は何も言っていません。名前の発音も明瞭さに欠けます。この解答と、かろうじて 3 と採点される解答との差はわずかのように思えますが、その差は大きいです。3 と採点される解答はもっと流暢で、もっと多くの情報を加えようとしており、実際に電話で話しているような声のトーンで話しています。一方、この解答はただ名前を言っているだけで、まだ時間が残っているのに、ほかに何も言おうとしていません。

2 話し方のせいで、意味がうまく伝わらない

講 評　フレーズごとに文を組み立てた解答で、文法的に正しくないわけではありませんが、話し方のせいで文意がうまく伝わりません。さらに、もう 1 人の講師については全く触れていないため、採点スケール 2 となります。

3 口ごもってしまうのは採点スケール 2 のレベルの特徴

講 評　最初は自信を持って話し始めましたが、"and" の後にその調子が崩れてしまい、口ごもっています。このように口ごもってしまうのは、採点スケール 2 の解答例の特徴です。

まとめ

まず最重要ポイントを答える

　セミナーの指導者をたずねていますが、資料には、講師の名前、所属名、肩書きが書かれています。解答時間は 15 秒という短い時間しかありません。この時間内に多くの情報を答えられた解答者もいますが、すべてを言うには時間が足りなくなりそうだと感じたら、まず、最も重要なポイントをはっきりとスムーズに伝えることに集中しましょう。ここでは 2 人の講師の名前がそれにあたります。その後で、もし時間が余ったら、所属名、肩書きを加えればよいのです。

採点スケール *1* の解答例・講評

問題例 B の Question 9 で 1 と採点された 2 つの解答例を聞き、それに対する講評を読みましょう。

Question: Who will be leading the seminars?

1 **情報の半分しか答えていない**

> **講評** 講師を 2 人答えるべきなのに 1 人しか答えていません。断片的な解答です。

2 **質問に正しく答えていない**

> **講評** 資料を見て答えているのは確かですが、ここでたずねられた質問に答えていません。文法的に正しい文でもないため、言いたいことが理解できません。

まとめ

答えに使う文法や単語は資料の中にある

　この問題に答えるための第 1 関門は「質問を正しく把握すること」、第 2 関門は「資料の中から答えを探して、流暢に答えること」です。

　質問を取り違えている例もありますが、採点スケール 1 を取った解答の多くはこの第 2 関門でつまずいています。また、話し方のせいで、答えも中途半端です。質問に答えるための情報は資料の中にあります。つまりこの問題では、答えの文で使える文法や語句が一部与えられているということです。

採点スケール3の解答例・講評

問題例 B の Question 10 で 3 と採点された 6 つの解答例を聞き、それに対する講評を読みましょう。

Question: Could you tell me something about the topics of the different seminars?

1 リズム、発音ともに申し分なし

講評 セミナーの開催される曜日と日にち、テーマをあげ、最後に開催時間も付け加えています。極めて優れた話し方です。英語を話す国に滞在した経験があるのではないかと思われます。レベルが高く、リズムや発音の手本とすべき解答です。

2 1語1語はっきりと発音

講評 発音に問題がある単語がいくつかありますが、1 語 1 語はっきりと聞こえるように発音しています。これが他の評価を得た解答例との違いです。実際に電話で会話しているような、とても感じのよい説得力のある話し方で、文句なしの採点スケール 3 です。

3 無駄なことを言わず、まとまった解答

講評 "As you know, we have three seminars." と概要を伝えてから、個々のセミナーを説明しています。無駄のない単刀直入な解答です。話し方もよいでしょう。"Its topic is ..." という部分は、The topics are ... とするのが正しい言い方です。しかし、誤りはこれだけですし、意味もはっきりしているので採点スケール 3 となります。

その他の解答例・講評

4 上の解答例に比べると、明瞭さに欠けます。しかし、親しげで、わかりやすい話し方です。発音に気を遣い、かつ流暢に話していて、電話で話しているような口調です。

5 発音にやや問題があり、そのため話が止まってしまうことがありますが、電話で話しているように流暢で、親しげな調子で話しています。

6　前のページで紹介した解答例よりも、発音の問題点が目立ちます。しかし、単語の一つひとつをきちんと発音し、リズムにも偏りがなく、親しみやすい口調のため、全体的にはよい話し方になっています。

まとめ

話し方に、相手の力になろうという姿勢が感じられる

　どの解答者も非常に流暢です。与えられた 30 秒の間でできるだけ多くの内容を伝えようとしています。中でも最もレベルの高いのは、実際に電話で話しているような解答です。はっきりと話し、親しみをこめ、相手の力になろうという姿勢がうかがえます。

「概要→詳細」でも「詳細のみ」でも、どちらでもよい

　解答はどれも、話を組み立てるのに資料をうまく活用しています。組み立て方にパターンが 2 つあるようです。1 つ目は、最初に There are three seminars. や As you know, we have three seminars. と概要を言ってから、それぞれのセミナーについて説明するパターン。話を始める時点ですでに資料の内容を把握しているのがわかります。2 つ目は、セミナーの名前と開催日を単に読んでいくパターン。この場合でも、発音、リズム、イントネーションに気を遣い、自然な話し方をしています。解答例 1 は、こうした話し方を習得している好例です。

採点スケール*2*の解答例・講評

問題例 B の Question 10 で 2 と採点された 3 つの解答例を聞き、それに対する講評を読みましょう。

Question: Could you tell me something about the topics of the different seminars?

1 単語を探して時間切れになってしまった解答

> **講評** 答えの文を組み立てるのに苦労をしていますが、よいテンポをキープしています。単語を考えるので間があいてしまい、時間切れとなりました。これは 2 と採点される解答例によく見られます。また、主語と動詞の不一致や、単数形と複数形の誤りなど、文法上の間違いもありますが、意欲は認められる解答です。

2 早口で、電話での会話になっていない

> **講評** 最初に "I tell you schedule of seminars ..." と前置きをしてから、曜日、日にち、セミナー名を挙げていますが、早口で話しているためにほとんど理解できません。電話で会話するという状況設定を忘れてしまったようです。もう少しゆっくりと、電話での会話らしく話せば、上の評価を得られたかもしれません。

3 たどたどしく、母語の影響もある

> **講評** 2 つ目と 3 つ目のセミナーの順番を反対にし、セミナーの名前を要約して説明しています。話し方が一定せず、数語話しては止まっています。母語が話し方に影響しているようです。

まとめ

採点スケール 2 となる原因

　　2 と採点される解答例には以下のような特徴があります。
- 単語や発音の誤りでひっかかり、答えを完結することができない
- 文法的に誤りがある
- 母語の影響が大きく、理解しづらい
- 電話での質問に答えるという設定を忘れ、セミナーの名前を読み上げているだけ。口調が単調だったり、早口で、何を言っているかがわからない

電話での会話を意識する

　　Questions 8-10 では、電話で話すという場面が設定されています。ですから、相手にわかりやすいようにそれぞれの単語をはっきりと、かつ親しげな調子で答えることを心がけてください。

採点スケール *1* の解答例・講評

問題例 B の Question 10 で 1 と採点された 2 つの解答例を聞き、それに対する講評を読みましょう。

Question: Could you tell me something about the topics of the different seminars?

1 セミナーのタイトルを読むだけでもよい

講 評　セミナーの概要を話そうとしていますが、それを表現できるほどの英語力はありません。そのため、途切れがちで断片的な話し方になっています。要約しようとせず、ただ単にセミナーのタイトルを読むだけで採点スケール 2 が取れたかもしれません。

2 自分の力を超えたことに挑戦しなくてよい

講 評　セミナーの概要を述べようとしています。質問に対して、資料にある内容以上のことを考えて説明しようとしています。しかし、そのために必要なスキルはこの解答者の英語力を超えています。語彙が不足しているため非常に理解しづらく、前向きな解答ではあるものの、採点スケール 1 となります。

まとめ

無理に難しい文を作ろうとする必要はない

　この質問には、セミナーのタイトルをそのまま読んで答えることもできるのですが、要約したり、特徴を述べようとして、結局言えるだけの英語力がなくて時間切れというケースが採点スケール 1 には見られます。難しいことを言おうとせず、答えにあたる部分を資料の中に見つけたら、それを読めばいいのです。

　ただし、資料はあくまでも目で見てわかりやすいように書かれたものですから、評価を上げるためにはただ読むのではなく、それを話し言葉に置き換えて話さなければなりません。例えば、順序立てて The first seminar is 'Web Site Design Basics.' Another is 'Selecting the Right Web Design Software.' And another is 'Getting Started on Your Site.' などと言います。会話口調で、丁寧にはっきりと伝えることを念頭におきましょう。

Express an opinion
Question 11
意見を述べる問題

問題の概要

| 設問数 | 1問 |

| 準備時間 | 45秒 |

| 解答時間 | 60秒 |

Question 11

テーマと設問 → 準備時間 45秒 → 解答時間 60秒

課題内容
提示されたテーマについて、自分の意見とその理由を述べる。
▶ テーマは身近な話題で、複数の意見が考えられるような内容。

解答のポイント
① 自分の意見や、賛成、反対のどちらの立場であるかを明らかにできるか。
② 上記①の理由や論拠、例を、テーマにふさわしい内容で、かつ、わかりやすくまとめて話せるか。

高スコアの条件
① テーマを正しくつかむこと。
② 自分の意見を理由とともに提示すること。

留意点

■ テスト中の留意点 ■

▶ 自分が正しいと思う意見を支持する ◀

設問の英文はずっと画面に表示されています。自分が正しいと思うほうの意見をありのまま述べましょう。そのほうが流暢に話すことができ、文法、語句もうまく使えます。自分の考えに沿わないことを論じると、論拠や例を示すのが難しくなります。

▶ 説明しやすい理由を考える ◀

理由を示すときは、説明しやすい内容かどうかを考えましょう。せっかくよいことを思いついたとしても、説明が複雑すぎて自分の英語力が及ばない場合もあります。

▶ 1語1語はっきりと ◀

理由をわかりやすく示しながら持論を展開していくことのほか、話し方も採点を大きく左右します。1語1語はっきりと話すことを忘れないでください。

▶ 準備時間中に、理由を2つ考える ◀

準備時間には、自分の考えの拠りどころとなる理由を2つ考えましょう。解答で使いたい名詞や動詞を2つずつ思い浮かべるだけでも、答えるときに役立ちます。

■ テスト準備の留意点 ■

▶ 本書のテーマを使って意見を述べる練習をする ◀

この問題形式に慣れるには、手始めに本書の問題例で紹介されているテーマを使って練習してみましょう。本書の後半の「第2章 Writing Test サンプル問題」に「意見を記述する問題」があり、ここで扱われているテーマを練習の題材として使ってもよいでしょう。また、自分の声を録音して聞いてみると、自分の弱点を知るのに効果があります。

Speaking Test Question 11 は次のような問題形式で出題されます。音声を聞いて確認しましょう。

Directions: In this part of the test, you will give your opinion about a specific topic. Be sure to say as much as you can in the time allowed. You will have 45 seconds to prepare. Then you will have 60 seconds to speak.

（以下の英文は画面に表示されます）

Question: Some people prefer to take a job that does not pay well but does provide a lot of time off from work. What is your opinion about taking a job with a low salary that has a lot of vacation time? Give reasons for your opinion.

対 訳

ディレクション： この問題では、特定のトピックについて、自分の意見を述べます。与えられた時間ででき
るだけ多くのことを話してください。準備時間は 45 秒です。その後、60 秒で解答します。

設問： 収入はよくないけれど、仕事以外の時間が十分に取れる仕事に就きたいと言う人がいます。
給料は安いけれど自由時間が十分にある仕事に就くことについて、あなたの意見はどのよ
うなものですか。その意見を持つ理由も述べてください。

Speaking Test

Question 11

採点ポイント

Speaking Test Question 11 は以下の 7 点について採点されます。

- 発音
- イントネーション・アクセント
- 文法
- 語彙
- 一貫性
- 内容の妥当性
- 内容の完成度

解答は以下の採点ポイントに基づいて 0 から 5 で評価されます。

採点スケール	採点ポイント
5	解答は自分の選択や意見を明確に示しており、その理由づけは容易に理解することができ、また、継続的に話されており、一貫性がある • 理由や詳細、論拠または例を提示することで、自分の選択や意見に対する裏づけがなされており、考えのつながりは明確である • 全体的にほどよいペースではっきりと話されている。発音、イントネーションに些細なミスやわずかな問題はあるが、全体の理解を妨げるものではない • 基本的な構文も複雑な構文も（必要に応じて）自由に使うことができる。些細なミスが時折見受けられるが、意味をわかりにくくするものではない • 語彙・語句の使い方は多少正確でない場合もあるが、効果的に使っている
4	解答は明確に自分の選択や意見を示しており、それらを十分に裏づけまたは展開できている • 自分の選択や意見の理由を説明できているが、説明は十分には展開されていない。ところどころで間違いはあるものの、考えのつながりはほぼ明確である • 発音、イントネーション、ペースにわずかに問題があり、聞き手が理解しづらい箇所もある。ただし、全体の理解が大きく妨げられることはない • 比較的自由かつ有効に文法を使いこなせるが、使用する構文がやや限定的である • 語彙・語句をかなり効果的に使えるが、不正確・不明確なものもある

3	自分の選択や好み、意見を提示できているが、それらを展開したり裏づけすることに限りがある • 自分の選択、好み、意見を支持する理由を最低1つは提示している。しかし、詳細な説明はほとんどなく、同じ内容の繰り返しにすぎない。また、あいまいではっきりしない • 話す内容は基本的にわかるが、発音が不明瞭だったり、イントネーションがぎこちない、またはリズムやペースが不規則なため、ところどころ意味がはっきりせず、聞き手は理解に苦労する • 使える文法に限りがある。うまく流暢に使っているのは基本的な構文がほとんどである • 使用できる語彙・語句は限られている
2	課題に関連する自分の選択や好み、意見を示してはいるが、その理由を提示していない、またはその理由がわかりづらく一貫性がない • 発音、アクセント、イントネーションに終始問題があり、聞き手はかなり理解に苦労する。断片的で途切れがちな話し方、また長い間があいたり、口ごもることがたびたびある • 使用できる文法が非常に限られていて、言いたいことを表現したり、思考の流れを明確に表現することができない • 使用できる語彙・語句はかなり限られており、繰り返しが多い
1	課題や設問文をそのまま読み上げているだけである。課題が要求する自分の意見や選択、好みを示すことができない。単語のみ、またはフレーズのみ、あるいは母国語と英語を混ぜて答えている
0	無解答、もしくは解答の中に英語が含まれていない、またはテストと全く関係ないことを答えている

＊解答は各採点スケールの採点ポイントに基づいて評価されますが、ポイントのすべてを網羅していなければならないというわけではなく、総合的に評価されます。

58

Speaking Test Question 11 で出題される問題例を見てみましょう。

Directions: In this part of the test, you will give your opinion about a specific topic. Be sure to say as much as you can in the time allowed. You will have 45 seconds to prepare. Then you will have 60 seconds to speak.

（以下の英文は画面に表示されます）

Question: Many people think that school children should be required to wear a uniform In school, instead of clothes they choose themselves. Others believe that children should not have to wear a uniform. Which do you think is better and why?

対訳は 110 ページにあります。

問題例 A の解答例・講評

 採点スケール5の解答例・講評

問題例 A で 5 と採点された 5 つの解答例を聞き、それに対する講評を読みましょう。

1 語彙、文法、内容ともトップレベル

講評　子どもの立場に立って、好きなものを着ていると楽しい気分になり、そうすると学業もがんばれるという考えで解答しています。使用している語句、文法ともに非常によいでしょう。さらに、発音に他の言語の影響がほとんどありません。採点スケール 5 の中でも最高レベルと言える解答です。

2 反対意見についても触れている

講評　子どもにとっての表現の自由について述べている文がかなり長く続いています。しかし、制限時間内にとても流暢に話しています。解答者は制服に反対の立場ですが、制服にも 1 点だけよい面があることに触れています。

3 理由に説得力がある

講評　非常に流暢で、スムーズな話し方です。母語の影響で、文法的に正しくない表現を使っている箇所もあります。しかし流暢なので、誤りがそれほど目立ちません。解答者自身に当てはめて答えているため、理由に説得力があります。

その他の解答例・講評

4　主語と動詞の不一致は見られるものの、大方は流暢で、はっきりと述べられています。"one of the reasons"、"next" という語句を使い、うまく構成しています。語彙もよく、間違いなく採点スケール 5 に値します。

5　流暢に話しています。文法もよいでしょう。一点だけ、制服の着用は子どもにとってよいしつけになるという意味を伝えるときに、"it's（it = wearing a uniform）a kind of a rule" と言っています。これは正しくは it's good discipline for children と言うべきですが、それ以外の語句は大体よいでしょう。

英語をうまく使いこなし、解答に説得力がある

前ページの解答例の中に、完璧と言えるものはありません。文法や語彙に誤りがあったり、話し方に問題があったりする解答もありますし、また、言い直しているケースも多くあります。しかし、どの解答も英語をうまく使いこなし、即興で、説得力のある意見を述べています。英語を話す環境で生活した人も中にはいるでしょうが、努力してこうした話し方を身につけた人もいるでしょう。ネイティブスピーカーが話す英語と比べればまだまだ努力の余地は残っているものの、TOEIC® Speaking Test でのトップレベルの水準を知るために、非常に参考になるでしょう。

両方のメリットを同列に扱ってはいけない

この問題では、自分が制服に賛成か反対かの立場を明確に示し、その理由を述べます。前ページの解答例2は制服に反対の立場です。しかし、解答の中で制服のメリットにも触れています。これは、ディベートで「反論の予測」と呼ばれる手法で、両方のメリットを同列に扱っているわけではありません。あくまで話の展開上、反対意見を引き合いに出しているだけです。この後で、誤って反対意見を擁護し始めてしまうことがないよう気をつけてください。

問題例 A の対訳

ディレクション：この問題では、特定のトピックについて、自分の意見を述べます。与えられた時間でできるだけ多くのことを話してください。準備時間は 45 秒です。その後、60 秒で解答します。

設問：多くの人が、学校に通う子どもは自分で選んだ服ではなく、制服を着用すべきだと考えます。一方、子どもは制服を着用すべきではないと考える人もいます。あなたはどちらのほうがよいと思いますか。また、それはなぜですか。

採点スケール *4* の解答例・講評

問題例 A で 4 と採点された 3 つの解答例を聞き、それに対する講評を読みましょう。

1 文法力が採点スケール 5 に一歩及ばず

講評　非常に流暢で、極めてよい話し方をしています。2 文目が混乱して意味がはっきりしませんが、ここを文法的に正しく言えれば、採点スケール 5 が取れたかもしれません。採点スケール 4 の中ではレベルの高い解答です。

2 語彙と文法に問題がある解答

講評　文法と語彙に問題はありますが、制服の着用に賛成という立場をはっきりさせ、その理由を 2 点挙げています。流暢でわかりやすい話し方です。採点スケール 4 のとてもよい例です。

3 賛成、反対の立場が不明確

講評　制服に賛成、反対の両立場について意見を述べていて、どちらかの立場に立って答えていません。"on the other hand" という表現を使うなど構成はよく、最後の部分ではかなり口ごもっていますが、それ以外は落ち着いて話しています。

まとめ

文法力と語彙の不足で内容も薄くなる

　4 と採点されている解答例はきちんと 2 つの理由を述べています。ただし、採点スケール 5 に比べると内容が平凡で短く、ややあいまいな理由しか述べられていません。問題は文法と語彙にあります。この 2 つの力が採点スケール 5 の解答例に比べて劣るために、話す内容に限界が生じてしまうのです。

話しやすい立場を選ぶこと

　上の解答例の中には、片方の立場の長所だけを述べている解答と、両方の立場の長所を述べているものがあります。しかし、この問題では、たとえ両方の意見が頭に浮かんだとしても、どちらかの立場を選んで解答しなければなりません。ですから、明確な理由があって話の筋を立てやすく、自分が話しやすい立場を選ぶほうが有利です。

採点スケール *3* の解答例・講評

問題例Aで3と採点された3つの解答例を聞き、それに対する講評を読みましょう。

1 同じ内容の繰り返し

講評　子どもは制服を着用すべきだという立場で話していますが、筋の通った話を展開するほどの英語力がありません。不明瞭な言い方で、制服によって規則を守ることの大切さを教えられるという主旨を繰り返すことに終始しています。

2 問題は語彙の不足と説明のしかた

講評　3と採点された解答の中では流暢に話している解答ですが、最大の問題は語彙の不足と説明のしかたにあります。そのせいで理解しづらい解答となっています。

3 言いたいことを言えるだけの語彙がない

講評　解答例には、母親と子どもの両方の立場から制服についての意見を示している例がほとんどない中、この解答はなかなか凝っています。"economical"というよい単語を思いついたものの、それ以外は単語がなかなか出てきません。現段階では、解答者が持っている高度な考えを表現できるほどの力はありません。

まとめ

はっきりとした発音を心がける

　1語1語はっきりと発音してください。話の内容に夢中になるあまり、この点が疎かになり、一生懸命話したのに結局理解してもらえない解答が多く見られます。もし途中でこのような状況に陥っていると気づいたら、一旦話すのをやめ、深呼吸をして落ち着きましょう。

毎日の練習が大切

　自分の意見とその理由を述べることは、母語であっても簡単なことではありません。英語で相手が納得するように話すには、英語を母語とする人でも練習が必要なのです。毎日単語を覚える、テーマに沿って話してみるなどの練習が、この問題にうまく解答するのに役立ちます。

112

62

採点スケール *2* の解答例・講評

問題例Aで2と採点された2つの解答例を聞き、それに対する講評を読みましょう。

1 語彙が不足している

講評 制服の着用はよいことだという意見のようですが、その考えを裏付けるための単語がなかなか出てきません。

2 話し方のせいで理由がわかりづらい

講評 理由を伝えて意見を述べるところまでは何とかこぎつけていますが、非常にわかりにくい話し方です。

まとめ

弱点を補うためにコツコツと学習する

テーマを決め、解答を録音してみましょう。準備時間は45秒、解答時間は60秒です。録音したものを聞き、自分の一番の弱点は何かを探ってください。話が先に進まないのは単語が出てこないからでしょうか。または、動詞の使い方がわからないなど文法に問題があるからでしょうか。弱点がわかったら、そこを集中的に練習しましょう。単語力アップであれ、文法力アップであれ、計画を立ててきちんと学習していくことが大切です。

Speaking Test

Question 11

63

採点スケール *1* の解答例・講評

問題例 A で 1 と採点された 1 つの解答例を聞き、それに対する講評を読みましょう。

1 語彙が不足

講評 「服を着ることは個性を表現することだ」という主張をしようとしているようです。その努力は見られますが、言えるだけの語彙がありません。

まとめ

1 と採点される解答で顕著な表現力不足

理由や例を表現する英語力が明らかに不足しています。画面上に出ている文を読み上げ、その後に because を続けるものの、そこで話が止まってしまうパターンが採点スケール 1 には多く見られます。上の解答例はそれよりもいくらかはよいのですが、十分な理由や例を話すことはできません。

Question 11 のための学習法

意見を述べる問題に効果的な学習方法をいくつか紹介します。
① 意見を述べているニュース番組、インターネット放送を聞く。
② 英字新聞や英語雑誌の Opinion-Editorial（社説）を読む。
　どんな意見についてどのような理由を述べているかを見てみましょう。
③ 本書で扱われたテーマについて自分自身の意見を述べる。
　初めは難しいと感じるかもしれませんが、練習を重ねれば次第に慣れます。

Speaking Test Question 11 で出題される問題例を見てみましょう。

Directions: In this part of the test, you will give your opinion about a specific topic. Be sure to say as much as you can in the time allowed. You will have 45 seconds to prepare. Then you will have 60 seconds to speak.

（以下の英文は画面に表示されます）

Question: When making an important decision, some people like to take a few hours or days to think before making the decision. Other people like to make decisions very quickly. Which do you prefer and why?

対訳は 117 ページにあります。

採点スケール5 の解答例・講評

....

問題例 B で 5 と採点された 6 つの解答例を聞き、それに対する講評を読みましょう。

1 文句なしの模範的解答

講 評　ほぼ英語のネイティブスピーカー並みの話し方と言ってよいでしょう。自分は決断するまでに時間が必要だと言ってからその理由や例をあげ、最後に "That's why ...." と言って締めくくっています。"clarifies my own thinking" といった表現からもわかるように、語句も的確です。手本とすべき非常にレベルの高い解答です。

2 論理的に主張を展開

講 評　正しい文法を使い、また、"however"、"those other cases" などの表現を、論を展開する上で効果的に使っています。私たちは現実の世界で「短時間での決断」をしているわけではなく、そうせざるを得ないということを論理的に説明しており、5 と採点される解答の中でも非常にレベルの高い例です。話し方は流暢で、語句も正確です。

3 よく練られた内容

講 評　話し方ははっきりとしていて正確で、内容的にも非常によく練られた主張です。主語と動詞の不一致（"those steps takes time"）、品詞の誤り（"better to think before decide"）などちょっとした誤りはありますが、採点が下がるほどのものではありません。

その他の解答例・講評

4　上の 3 つの解答例に比べると、明瞭さ、文法の面でやや劣ります。また、発音や単語の使い方でいくつか誤りもあります。しかし、自分の考えをはっきりと、流暢に、説得力を持って伝えている点で、間違いなく 5 と採点される解答です。

5　レベルの高い解答です。非常に詳細に、筋道立てて説明しています。文法も完全で、はっきりと話しています。ほぼ英語のネイティブスピーカーに近い解答例です。

6　主語と動詞の不一致といった文法面の誤りと、発音にも誤りが見られます。しかし、はっきりとわかりやすい解答で、言いたいことの筋も通っています。採点スケール 5 のレベルを満たしています。

まとめ

複雑な考えを流暢に話す

　準備時間は 45 秒ありますが、テーマが抽象的なので、素早く答えるのは難しい設問です。採点スケール 5 を取る解答例の多くは、ひと口に決断を下すと言っても場面も方法もさまざまであると言っていますが、解答者はこの複雑な思考をはっきりと、正しい文法で、口ごもることなく表現しています。

because、for example などの語句を効果的に使う

　この問題には正解、不正解はありません。ポイントは、いかにうまくはっきりと自分の意見を論じるかにかかっています。自分の言いたいことを詳しく説明するときには What I mean is ....、理由を述べるときは I say this because ....、例をあげるときは For example ... といった語句を用いると、すっきりとまとめやすくなります。

問題例 B の対訳

ディレクション：この問題では、特定のトピックについて、自分の意見を述べます。与えられた時間でできるだけ多くのことを話してください。準備時間は 45 秒です。その後、60 秒で解答します。

設問：重要な決断を下す際、数時間または数日考えてから決断を下すのを好む人と、非常に素早く決断するのを好む人がいます。あなたはどちらを好みますか。また、それはなぜですか。

🎧 66 採点スケール *4* の解答例・講評

問題例 B で 4 と採点された 3 つの解答例を聞き、それに対する講評を読みましょう。

1 詳細さを欠く解答

講評 ゆっくりですがはっきりと話していますし、文法も非常によいでしょう。しかし、この解答は説明があまり詳細ではありません。また、全体の構成も採点スケール 5 の解答には及びません。よって採点スケール 4 となります。

2 内容に見合う語彙、文法力がない

講評 私たちがいかに慎重に考えずに決断を下すかについて、非常に複雑な論理を展開しようとしています。発音も非常にはっきりしています。しかし問題は、その高度な内容を表現できるだけの語彙、文法力がないことです。

3 言いたいことがうまく伝えられない

講評 非常に早口で、考えながら話しているようです。上の解答に比べると口ごもることが多く、また、言いたいことがうまく述べられていません。文法的な誤りもいくつかありますが、正しい文法で言い直している箇所もあります。典型的な採点スケール 4 の解答例です。

まとめ

採点スケール 4 を取る解答者は言い直して正しい文を作る力がある

　4 と採点される解答には 2 タイプあります。1 つは、話の中身はあまりないが、その他の面で条件をクリアしているタイプ。もう 1 つは、複雑な内容を言おうとしているが、表現する力が足りないタイプです。

　採点スケール 4 を取る解答者の多くは、文を作っている途中で口ごもってしまいます。しかし、こうした途中のつまずきはあるものの、最終的には言い直したりして正しい文を完成させることができるのも、採点スケール 4 の特徴です。間違いに気づいたときは言い直しても構いません。そのほうが、高いスコアを得られるでしょう。

日常生活によくあるテーマについて考える

　TOEIC® Speaking Test では、この問題例で扱ったような抽象的なテーマも出題されます。例えば、問題の解決方法、他人と意見が衝突したときにどうするか、貯金と消費についての考え方などは、難しそうに思えますが、どれも日常生活でよくある問題です。こうしたテーマに対して、自分が普段どのような立場を取るかを考えておきましょう。考えをまとめておくだけでも、テスト準備として役立ちます。

67

採点スケール **3** の解答例・講評

問題例 B で 3 と採点された 3 つの解答例を聞き、それに対する講評を読みましょう。

1 正しく言い直せない解答例

講評　採点スケール 4 の解答例と同じく、この解答者も止まって言い直しをしていますが、正しく直せていない箇所があります。語彙の不足で、途中でつかえていますが、自分の言いたいことは述べています。採点スケール 3 の中ではレベルの高い解答です。

2 語彙の不足で内容が薄い

講評　言いたいことははっきりし、話し方もかなり明瞭です。ただし、"important"、"decision"、"decide" を多用している点から、語彙が不足し、内容も薄い解答となっています。

3 文法はよいが、話の中味があまりない

講評　途切れがちに話しています。文法的に正しいことを言っていますが、話の内容はそれほどありません。発音、話し方のせいで理解しづらい箇所があります。

まとめ

間違いを自分で修正できないのが採点スケール 3

　採点スケール 3 を取る解答は 4 を取る解答と違い、間違いを自分で正しく言い直すことができません。また、内容的に貧弱であってもうまく話すタイプと、話の内容はあるがうまく話せないタイプに分かれます。いずれにせよ、何かを言うことに必死で、話し方にまで気を配る余裕がないというのが 3 と採点される解答の特徴です。

まずは書くことから始めてもよい

　Question 11 は、TOEIC® Speaking Test の中で最も難しい問題です。最初からうまく解答できなくても落ち込まないでください。答えを口頭で述べることが難しければ、自分の意見とその理由を英語で書いてみることから始めましょう。書けたら、それを見ながら声に出して読んでください。これをしばらく続けているうちに、書かなくても話せるようになるでしょう。

🎧 **68** *採点スケール 2 の解答例・講評*

問題例 B で 2 と採点された 2 つの解答例を聞き、それに対する講評を読みましょう。

1 内容に乏しく、1 語 1 語途切れた話し方

講評 　非常にゆっくりとした、単語と単語の間が途切れる話し方です。設問文に出てきた "take a few hours or days to think before making a decision" という表現以外は、内容に乏しい解答です。語彙が非常に限られています。

2 文法力、語彙の著しい不足

講評 　文法力、語彙が非常に不足しています。設問文に出ていない単語を使って多少は文の形にしているものの、自分の考えを伝えるにはいたっていません。

まとめ

「理由」を考える練習をする

　2 と採点される解答の最大の特徴は、自分の意見を支える理由を述べるだけの英語力がないこと。どの解答者も、設問を読んで意見はまとめるものの、because の後がうまく続きません。

　自分がこのレベルだと思ったら、because の後に文を続ける練習をしましょう。例えば、好きな食べ物について、I like ～ because ... という文で、好きな理由を 60 秒間でできるだけたくさん話します。英語では「なぜそうなのか」をたずねられることが多いので、理由を答えるのは非常に大切です。何か意見を述べたら、絶えず「なぜそうなのか」という自問自答を習慣づけましょう。

*採点スケール **1** の解答例・講評*

....

問題例Bで1と採点された1つの解答例を聞き、それに対する講評を読みましょう。

1 設問文から読み上げているだけ

> **講評** 　設問に書かれたフレーズを使って "I prefer take a few hours or days because important decision." と言っているだけで、それ以外の単語は言うことができません。よって採点スケール1となります。

まとめ

テストに向けてさらなる準備が必要

　設問文をそのまま読むだけであったり、I think ... I think ... しか言えなかったりと、設問文で使われた単語や文以外は何も言えないのが1と採点される解答の特徴です。自分はこの段階だと思う人は、テストを受ける前にさらなる準備が必要と認識しましょう。

確実に守れる目標を立てる

　あれもこれもといろいろなものに手を出すよりも、せめて最低限守れそうな目標を設定しましょう。例えば、単語を1日1つずつ覚える、英文を毎日必ず声に出して読む、など。こうした地道な一歩一歩から、よりよい評価を得るための学習が始まります。

Speaking Test

Question 11

第 2 章
Writing Test　サンプル問題

【各問題の構成】

　　1. 問題の概要

　　2. 例題

　　3. 例題の解き方

　　4. 採点ポイント

　　5. 問題例 A、B、C、D、E、F（Questions 1-5）
　　　　　　A、B、C（Questions 6-7）
　　　　　　A、B（Question 8）

　　6. 採点スケール別　問題例の解答例・講評
　　　　＊解答例は、テスト開発時に実施したリサーチで受験者が解答したものをそのまま掲載しています。
　　　　したがって、文法やつづりの誤りが含まれる解答例も掲載しておりますので、ご了承ください。

Write a sentence based on a picture

Questions 1-5

写真描写問題

問題の概要

設問数　5問

解答時間　5問で8分。時間内であれば、前の設問を見直してもかまいません。

| Question 1 | ⟷ | Question 2 | ⟷ | Question 3 |

| Question 5 | ⟷ | Question 4 |

課題内容　与えられた2つの語句を使って、写真の内容に合う1文を作成する。
▶ 与えられた語句の形は変えてもよい（動詞の現在形を過去形にしたり、名詞の単数形を複数形にしたりしてもよい）。また、2つの語句をどんな順番で使ってもよい。

解答のポイント
① 文の構成力があるか。
② 文法力があるか。

高スコアの条件
① 提示された語句を用いること。
② 写真に基づいた文であること。
③ 文法的に正しい1文であること。
▶ 意味が正しく伝わる限り、つづりや句読点の誤りは評価に影響しない。
▶ 非常に複雑な文や長い文を書いても加点はされない。

124

Writing Test Questions 1-5 は次のような問題形式で出題されます。

Directions: In this part of the test, you will write ONE sentence that is based on a picture. With each picture, you will be given TWO words or phrases that you must use in your sentence. You can change the forms of the words and you can use the words in any order. Your sentences will be scored on

- the appropriate use of grammar and
- the relevance of the sentence to the picture.

In this part, you can move to the next question by clicking on Next. If you want to return to a previous question, click on Back. You will have 8 minutes to complete this part of the test.

write / notebook

カラー写真は iii ページにあります。

対　訳

ディレクション： この問題では、写真に基づく１つの文を作成します。各写真について、文中に使わなければならない２つの単語または句（熟語）が提示されます。単語の形は変えてかまいません。また、これらの単語はどのような順番で使ってもかまいません。作成した解答は、以下に基づいて採点されます。

　　　　　　・文法の適切さ
　　　　　　・写真と文の関連性

Questions 1-5 においては、画面上の「Next」をクリックして次の問題に進むことができます。前の問題に戻りたいときは、「Back」をクリックしてください。解答時間は５問で８分間です。

例題の解き方

■ 問題へのアプローチ ■

男性が椅子に座り、電話をかけながらノートに何か書いている写真です。写真の下に write / notebook という 2 つの単語があります。この 2 つを使って、写真に基づいた文法的に正しい 1 文を書きます。例えば、次のような文が書けます。

- **The man is writing in a notebook.**（男性はノートに記入しています）
- **The man uses a pen to write in a notebook.**（男性はノートに記入するのにペンを使います）
- **The man writes notes in a notebook.**（男性はノートにメモをします）

これらの文はどれも、

- 「2 つの語句を使い」
- 「写真に基づいた」
- 「文法的に正しい 1 文」

です。これらの条件をすべて満たしていれば、簡単な文でよいのです。

> ※ 2 つの語句を使用していても、写真の内容に合っていなければよい評価にはなりません。
> ※ 2 文以上書いた場合、採点者は与えられた 2 つの語句が使われている 1 文のみを採点します。
> 　2 つの語句が別々の文で使われている場合は、採点スケール 3 は与えられません。

■ テスト準備の留意点 ■

▶ 90 秒で 1 つの文を書いてみる ◀

この問題の練習をするとき、まずはテストの解答時間を気にせずに、上記の 3 つの条件を満たす文を書くことに集中してください。そのあとで時間を計り、テスト本番と同じように解答をコンピューターのキーボードを使って書いてみましょう。時間は 5 問で 8 分間ですので、1 問あたり約 90 秒で文を完成させるのが目安です。

採点ポイント

Writing Test Questions 1-5 は以下の 2 点について採点されます。

- 文法の適切さ
- 写真と文の関連性

解答は以下の採点ポイントに基づいて 0 から 3 で評価されます。

採点スケール	採点ポイント
3	以下の特徴を持つ 1 文で構成されている • 文法的誤りがない • 与えられた 2 つの語（句）を適切に使っている • 写真と関連する内容が記述されている
2	以下の特徴を持つ 1 文もしくは複数以上の文で構成されている • 文の理解を妨げない程度の文法的誤りが 1 箇所以上ある • 与えられた 2 つの語（句）を使っている。ただし、1 つの文中でなかったり、語形が正確でない • 写真と関連する内容が記述されている
1	以下の特徴のいずれかを示している • 文の理解を妨げる誤りがある • 与えられた 2 つの語（句）の片方、もしくは両方とも使っていない • 写真と記述内容の関連性がない
0	無解答。英語以外の言語で書かれている。英文で使われることのない記号が使用されている

＊解答は各採点スケールの採点ポイントに基づいて評価されますが、ポイントのすべてを網羅していなければならないというわけではなく、総合的に評価されます。

問題例 A

Writing Test Questions 1-5 で出題される問題例を見てみましょう。

Directions: Write ONE sentence based on the picture. Use the TWO words or phrases under the picture. You may change the forms of the words and you may use them in any order.

child / push

カラー写真は iv ページにあります。

ディレクションの対訳（問題例 A ～ F 共通）は 130 ページにあります。

採点スケール *3* の解答例・講評

問題例 A で 3 と採点された 8 つの解答例と、それに対する講評を読みましょう。

1 push → is pushing と変化させている

解答例 A young parent is pushing his child in a stroller.

講評 push を "pushing" と正しく変化させて使っています。"stroller" は「ベビーカー」。

2 and を用いた重文

解答例 A child is in a cart and a woman is pushing the cart.

講評 2 つの文を "and" で結んだ重文です。"child" と "push" を "and" の前半と後半に分けて使っています。

3 細かいつづりの誤りは許される

解答例 The child is being pushed bye his guardian down the sidewalk.

講評 "bye" はつづりの誤りで、正しくは by。しかし、push を "is being pushed"（現在進行形の受け身）という正しい形に変化させ、全体の意味もはっきりとしているので採点スケール 3 です。子どもを押している人物を "guardian"「保護者」と限定していますが、実際のところはわかりません。しかし、この写真の 1 つの解釈としては間違っていませんので、問題ありません。

その他の解答例・講評

4 **解答例** The person is pushing a cart with a child in it.

講評 1 文目で 3 と採点されるレベルを満たしていますので、2 文目が完成していなくても採点に影響はありません。

5 **解答例** A mother is pushing her child. the mother is wearing a red hat.

講評 これも 1 文目だけで 3 と採点されるレベルを満たしている例です。写真と合った内容で、文法的にも正しく書いています。

6　解答例　We can see a mother who is pushing her child.

　　講評　"We can see ..." を使って写真を描写しています。人物を "a mother" と限定していますが、写真を独自に解釈しても、2つの語句を使った文法的に正しい1文であれば問題ありません。

7　解答例　The woman in this picture is pushing her child in a stoller.

　　講評　"stoller" はつづりの誤り。正しくは stroller「ベビーカー」ですが、全体の意味ははっきりしているので採点スケール3です。

8　解答例　A lady is pushing a babycar which has a child

　　講評　女性が押している乗り物に焦点をあてて説明している文。関係代名詞 which を使うことにより、2つの語句を文法的に正しく使って写真に合う文を作っています。

まとめ

自分の目に見えた通りの解釈でよい

　写真の解釈の仕方はいろいろあります。写真と合っている限りは、人物が男性か女性か、親か大人かなど、感じた通りの人物に限定して構いません。また、2つの語句を使って文法的に正しい1文を書いていれば、どの角度からこの写真について書いても問題ありません。採点スケール3の解答例はどれも簡単な文です。2つの簡単な文を and で結んでも構いません。複雑な文を書く必要はまったくありません。

対 訳 ....

ディレクション：写真に基づいた1文を書きなさい。写真の下にある2つの単語または句（熟語）を使うこと。単語の形は変えてかまいません。また、これらの語はどのような順番で使ってもかまいません。

....

採点スケール*2*の解答例・講評

問題例Aで2と採点された3つの解答例と、それに対する講評を読みましょう。

1 主語に合った動詞の形になっていない

解答例 There is a woman and she push a child.

講評 文法に誤りがあります。主語が"she"と三人称・単数なので、現在形では"push"はpushesとしなければなりません。与えられた語を変化させる必要があるにもかかわらず、そのまま使ってしまった例です。意味に影響はありませんが、この誤りは文法力が不足していることをはっきりと示しています。

2 動詞の使い方に重大な誤りがある

解答例 The child is pushing by the adult.

講評 子どもと大人のどちらがどちらを押しているのかがわからない、文法的に誤りのある文です。動詞は"is pushing"と能動態が使われていますが、後半で受け身の文で使う"by the adult"が使われています。"The child"を主語とする場合は、正しくは The child is being pushed by the adult.「子どもは大人によって押されている」という進行形の受け身の文になります。

3 前置詞の使い方に誤りがある

解答例 Mother is pushing a car her child is on.

講評 正しい文まであと一歩です。写真の様子を厳密に表すと、子どもはベビーカーの上でなく中にいますから、前置詞は"on"でなく in が適切です。さらに"mother"の前には冠詞が必要です。A mother is pushing a car her child is in. とすれば採点スケール3となります。

まとめ

単語の位置や前置詞1つで、まったく別の意味になってしまう

英語の構文は、文中の各語句の関係を明らかにしています。128ページの写真の場合、「大人、子ども、押す、乗り物」の関係を正しく表す必要がありますが、文の組み立て方を少し間違えただけで、まったく意味が違って伝わってしまいます。The adult is pushing the child. と The child is pushing the adult. は単語の位置が逆になっただけですが、意味は全然違います。また、The child is in the vehicle. と The child is on the vehicle. では、in と on を間違えただけで子どものいる位置が違って伝わってしまいます。このような語句の関係を整理し、その関係を正確に表す「文法的に正しい文」を書く力が、この問題では求められています。

採点スケール *1* の解答例・講評

問題例Aで1と採点された2つの解答例と、それに対する講評を読みましょう。

1 文法に不備。語句も1つしか使っていない

解答例 A mother is walking along the river, pushing the carry in which her baby.

講評 残念ながら文法的に正しい文になっていません。"carry"はおそらくcarriage「ベビーカー」のつもりで使っているのでしょう。"which"は関係代名詞ですが、"her baby"のあとには動詞が必要です。さらに、与えられた語句のうちchildが使われていないため、採点スケール1です。"baby"の代わりにchildを使い、A mother is walking along the river, pushing the carriage her child is in. とすれば、採点スケール3となります。

2 与えられた語句を1つしか使っていない

解答例 A guy is pushing a cartf

講評 文として成り立ってはいますが、与えられた語句のうち使っているのは1つ（push）だけで、childには触れていません。

まとめ

与えられた語句の代わりの語句を使わない

　1と採点された解答例にはさまざまなケースがありますが、大部分は文法力が欠如しています。また、与えられた語句を正しく使っていない場合もあります。与えられた語句は2つとも文中で使わなければ採点スケール2以上は取れません。この問題で「単語の形を変えて使ってもよい」というのは、動詞の時制を変化させたり、名詞の単数形を複数形にしたりしてもよいということで、childの代わりに似た意味のbabyを使ってもよいという意味ではありません。

　英語には動詞と名詞が同じ形の単語があります。例えばwalk「歩く、散歩」は、動詞としてはI walk every day.、名詞としてはLet's go for a walk. のように使うことができます。このような場合はどちらの品詞として使っても構いません。

問題例 B

Writing Test Questions 1-5 で出題される問題例を見てみましょう。

Directions: Write ONE sentence based on the picture. Use the TWO words or phrases under the picture. You may change the forms of the words and you may use them in any order.

near / building

写真は iv ページにもあります。

ディレクションの対訳は 130 ページにあります。

Writing Test

Questions 1-5

133

採点スケール *3* の解答例・講評

■

問題例 B で 3 と採点された 8 つの解答例と、それに対する講評を読みましょう。

1 簡単な文でよい

解答例 Two people are playing tennis near a building.

講評 簡単な文ですが、これで 3 と採点されるレベルを十分に満たしています。

2 つづりの誤りがあっても、意味が明快な例

解答例 A woman and man are playing tennice in the court near the building.

講評 "tennice" は正しくは tennis で、つづりを間違えていますが、採点には影響しません。この文の意味ははっきりしていますので、採点スケール 3 です。

3 2文目は採点されていない

解答例 They are playing tennis near a building. They seem to enjoy their time!

講評 1 つ目の文で採点スケール 3 のレベルを満たしています。2 文目は採点されません。

その他の解答例・講評

4 **解答例** A woman and a man are playing tennis near the buildig.

講評 "buildig" は正しいつづりではありません。正しくは building。タイプミスの可能性もあります。タイピングの際は注意しましょう。この場合、これが building を表すことは明白なので、採点に影響する誤りではありません。

5 **解答例** they are playing near the building

講評 文頭が大文字でなく、また、ピリオドもついていませんが、主語と動詞を含んだ文の形になっています。

6 **解答例** They are playing tennis. There is a park near the building which is old.

　　講評 3 と採点されるレベルを満たしているのは 2 つ目の文です。1 文目は採点されません。

7 **解答例** There is a couple playing tennis near the building.

　　講評 3 と採点されるレベルを十分に満たしています。

8 **解答例** they played tennis near the building.

　　講評 大文字で始まっていませんが、文になっていることは明らかです。

まとめ

簡単な文でよい

　採点スケール 3 を取るために、長い文を書いたり、練られた文を書く必要はありません。ここで与えられている語句は near と building で、建物の近く（near a building）でテニスをしている人々がこの写真で一番目につくポイントです。そこで、採点スケール 3 を取れる最もシンプルな答えは Two people are playing tennis near a building.、あるいは Near a building there are two people playing tennis. です。また、物語風にしたければ、On the court near the building, a woman is winning a game of tennis. としても構いません。しかし、こうした手の込んだ文でなくても採点スケール 3 を取れます。

採点スケール *2* の解答例・講評

問題例 B で 2 と採点された 3 つの解答例と、それに対する講評を読みましょう。

1 主語が複数なのに動詞が is

解答例 One woman and a man is playing tenis in a tenis court that is located near a building.

講評 "One woman and a man" は 2 人ですから、動詞は are としなければなりません。この文の意味ははっきりしていますが、英語で文法的に正しい文を作るには、主語と動詞の一致は守らなければならない基本的ルールです。よって採点スケール 2 となります。"tenis" はつづりの誤り。正しくは tennis。

2 動詞を欠いた不完全な文

解答例 Two people are playing tennis. Tennis court near the building.

講評 2 つ以上の文が書かれている場合、採点者は 2 つの語句が入っているほうの文を採点します。よって、この場合は 2 文目が採点対象となりますが、動詞が抜けているので文の形になっていません。正しくは、A tennis court is near the building. または There is a tennis court near the building. としなければなりません。この解答の文法的な誤りは重大ですが、文の意味には大きな影響がないため、採点スケール 2 となります。

3 at near ～ は at が不要

解答例 two people play tennis at near building

講評 これも文法的に誤りのある文です。テニスをしている場所を表すのに、at と near という 2 つの前置詞を使っています。near は使用しなければならない語なので、at は不要でした。また、この文は最初が大文字で始まっておらず、文末にピリオドもありません。この点にも気をつけるべきですが、減点の対象にはなりません。

まとめ

主語に合わせた動詞の形を使う

主語と動詞の形が一致しているかどうかは、英語の文法で非常に重要な問題です。主語が a man などの 1 人の人、あるいは 1 つのもので現在を表す場合、一般動詞は三人称・単数・現在形を使います。気をつけなければならないのは a man and a woman などの場合。"a" につられて動詞を三単現にしてしまう場合がありますが、この主語は複数なので、原形を使います。一度文を書いたら、動詞の形が主語に合っているかどうかをよく見直してください。主語に and が含まれている場合は注意が必要です。

採点スケール *1* の解答例・講評

問題例 B で 1 と採点された 2 つの解答例と、それに対する講評を読みましょう。

1 near を使っていれば高い評価に

解答例 A girl and a man are playing tennis in front of a building

講評 与えられた語句のうち 1 つ（building）は使っています。文法的にも正しい文ですし、写真の内容とも合っています。しかし、もう 1 つの語の near を使っていません。in front of の代わりに near を使っていたら、採点スケール 3 となったでしょう。

2 building を使っていない

解答例 there are two people playing tennis near the

講評 文として完結していません。2 つの語句のうち 1 つ（near）は使っています。near the の後に building をつけ加えれば、採点スケール 3 となったでしょう。

まとめ

与えられた語句は 2 つとも必ず使うこと

上記の解答例から、この問題では文法的に正しい文を書くことのほかに、与えられた 2 つの語句を使うことが非常に重要だとわかります。解答の中に両方使っていない場合はもちろん、1 つしか使っていない場合も、その時点で採点スケール 1 となります。また、採点スケール 1 の解答は 2 文以上書いてあることが多いのですが、必要なのは 1 文だけです。テスト中、時間に余裕があれば、1 文で書いているか、2 つの語句を使っているかどうかを確認してください。

Writing Test Questions 1-5 で出題される問題例を見てみましょう。

Directions: Write ONE sentence based on the picture. Use the TWO words or phrases under the picture. You may change the forms of the words and you may use them in any order.

bicycle / on

カラー写真は v ページにあります。

ディレクションの対訳は 130 ページにあります。

採点スケール *3* の解答例・講評

■
問題例 C で 3 と採点された 8 つの解答例と、それに対する講評を読みましょう。

1 条件をすべて満たしている

解答例 A man is pushing his bicycle on the pavement.

講評 写真の様子を説明し、2 つの語句を使った文法的にも正しい文で、採点スケール 3 となります。

2 男性について触れなくてもよい

解答例 there is a bicycle on the road.

講評 非常に簡単な文で、自転車についてのみ述べ、写真の男性については一切言及していません。それでも 3 と採点されるレベルを満たしています。

3 長い文を書く必要はない

解答例 A man has a bicycle on the street.

講評 採点スケール 3 を取るには長い文を書く必要はありません。こんな簡単な文でもレベルを十分に満たしています。

その他の解答例・講評

4 **解答例** a man is on the road with a bicycle

講評 設問では語句は bicycle、on の順番で並んでいますが、どちらの語を先に使っても構いません。文の最初が大文字でなく、ピリオドもありませんが、3 と採点されるレベルを満たしています。

5 **解答例** People are standing on the street while a man is passing them dragging a bicycle.

講評 "drag" は「（重い物を）引きずる」という意味で、この男性の行為としては適切ではないように見えるかもしれませんが、写真と矛盾はしていないので、採点スケール 3 のレベルを満たしていることになります。

6　**解答例**　A man is walking on the road with his bicycle.
　　講評　採点スケール3のレベルを十分に満たしている解答です。

7　**解答例**　A man is standing beside a bicycle on the hill top.
　　講評　うまく情景を表した文です。採点スケール3のレベルを満たしています。

8　**解答例**　A man is walking with his hand on his bicycle.
　　講評　非常に詳しく説明している文で、採点スケール3のレベルを満たしています。

まとめ

条件を満たしていれば、写真の中の何について書いてもよい
　　bicycle と on という2つの語句を使って1文で書ければ、写真の中の何について書いても構いません。この場合は、男性について書いても、周囲の様子について書いても、ほかに思いついたことでも構いません。解答例2のように、自転車のことだけに言及した文であっても、条件を満たす文を書いていれば、採点スケール3となります。

採点スケール *2* の解答例・講評

問題例Cで2と採点された3つの解答例と、それに対する講評を読みましょう。

1 2つの語句を別々の文で使っている

解答例 There is a man taking his bycicle to somewhere. He's not riding on it. And als

講評 2つの語句（bicycleとon）が別々の文に入っています。これは2と採点される解答によく見られる例です。採点スケール3を取るためには、1つの文の中で2つの語句を使わなければなりません。

2 主語が三人称・単数なのに do not を使っている

解答例 He do not ride on bicyle. He walking on

講評 2つの語句が使われている1つ目の文が採点の対象となります。この文には主語と動詞の不一致という重大な誤りがあります。主語は三人称・単数ですから、He does not ride on his bicycle. としなければなりません。

3 文法的に誤りがある

解答例 The man is leading bicycle on his hand.

講評 完全な文になっていて2つの語句も使われていますが、"on his hand" ではなく with his hand とするべきです。

まとめ

簡単な1文を書けばよい

上記の解答例は、文法的に正しい1文で書いていないために2と採点されます。文法的に正しい1文であれば、139ページの解答例3で紹介したA man has a bicycle on the street. のような非常に簡単な文でよいのです。

ピリオドは1つだけ

テストの時間が余ったときは、ピリオドが文末だけについているかどうかを確認してください。2つ以上の文を書いていませんか。この設問には1文だけ書いて答えればよいのです。その後まだ時間がある場合は、文法を確認してください。文を長くしたり複雑にしたりする必要はありません。

採点スケール *1* の解答例・講評

問題例 C で 1 と採点された 2 つの解答例と、それに対する講評を読みましょう。

1 与えられた語句を 1 つも使っていない

解答例 There are some people in the park. A man is just holding his

講 評 よく書けていますし、写真内容の描写もできています。しかし、残念ながら与えられた語句 bicycle、on のどちらも使っていないので、採点スケール 1 となります。

2 数語しか書いていない例

解答例 One man walk

講 評 たった数語でも、英語で写真について何かしら書いており、それが採点者に理解されれば、採点スケール 1 となります。

まとめ

「主語＋動詞」の文を作る

　文法的に正しい英文を作る基本は主語と動詞であることを覚えておいてください。正しい英文を書くために、職場の写真や雑誌・広告に載っている写真、家族や友達の写真など何でもよいので、写真に写っている人物とその動作を英語で書いてみます。主語は単数なのか複数なのかにも注目し、それに合わせた動詞の形を使いましょう。

　また、本書の写真を使ってもよいでしょう。すでに 1 度解答例を読んでいても、それらを見ずに自分の力で 1 文を作る練習をしましょう。

Writing Test Questions 1-5 で出題される問題例を見てみましょう。

Directions: Write ONE sentence based on the picture. Use the TWO words or phrases under the picture. You may change the forms of the words and you may use them in any order.

box / to

写真は v ページにもあります。

ディレクションの対訳は 130 ページにあります。

採点スケール *3* の解答例・講評

■ 問題例 D で 3 と採点された 8 つの解答例と、それに対する講評を読みましょう。

1 box → boxes、to → next to 〜として使った例

解答例 The man next to the boxes is piling up the boxes.

講評 box を複数形 "boxes" に変化させています。また、to は前置詞として使用。"next to 〜" は「〜の隣の」で、"The man next to the boxes"「箱の隣にいる男性」と、男性の居場所を示すために使っています。

2 「〜に」を表す前置詞として to を使った例

解答例 One man is giving a box to another man.

講評 この "to" も前置詞。「〜に」と動作の対象を表す to です。"give 〜 to ..." で「〜を…に渡す」。

3 不定詞として to を使った例

解答例 Two guys are helping each other to pile boxes up.

講評 "to" を不定詞として使っている例。box は "boxes" と複数形に変化させています。< help 〜 to ＋動詞の原形>で「〜が…するのを手伝う」。

その他の解答例・講評

4 **解答例** Empolyees are moving boxes to another location.

講評 box を "boxes" と複数形にしています。"empolyees" はつづりの誤りかタイプミスで、正しくは employees。意味に影響はないので採点スケール 3 です。

5 **解答例** The man is trying to lift a heavy box.

講評 "to" を不定詞として使っている例。< try to ＋動詞の原形>で「〜しようとする」。

6 **解答例** In order to insure prompt delivery, each box is hand picked by our service personnel.

講評 与えられた語句の順序を変えて使用している例です。"to"は不定詞として使っています。< in order to + 動詞の原形>で「～するために」。「迅速な配達を可能にするため、箱はサービススタッフの手によって選別されます」という意味の、商品出荷の1コマを表した秀逸な文で、採点スケール3のレベルを十分に満たしています。

7 **解答例** One man is bending bown to move the box.

講評 これも to を不定詞として使っている例です。"bown"は恐らく down のタイピングミスでしょう。全体の意味には影響がありませんので、採点スケールは3です。

8 **解答例** There are many boxes to carry out.

講評 簡単な短い文ですが、採点スケール3のレベルを十分に満たしています。

> **まとめ**
>
> **異なる使い方を持つ語 " to "**
>
> 　解答例の中には、名詞 box を複数形 boxes に変えて使用している例があります。このような使い方は問題ありません。ただし、変化した単語が文中で正しい形になっているかどうかには十分気をつけましょう。
> 　ここではもう1つ、to が与えられています。to はさまざまな使い方ができます。場所を示す next to ～「～の隣の」という使い方や、giving a box to a friend「友達に箱をあげる」、taking the boxes to the office「事務所へ箱を持っていく」など方向を表す to、また、helping someone to pile the boxes「誰かが箱を積み上げるのを手伝う」という不定詞としての使い方もあります。

採点スケール2の解答例・講評

問題例Dで2と採点された3つの解答例と、それに対する講評を読みましょう。

1 and の前後の動詞の形が一致していない

解答例 a man is lifting a box and hand to a woman who is g front of him.

講評 1人の人物が2つの 連の動作を行っていることを説明する場合、2つの動詞は同じ時制にしなければなりません。この解答例では、前半は"is lifting"、後半は"hand"となっていて、同じ時制になっていません。正しくは、A man is lifting a box and handing it to a woman.、または A man lifts a box and hands it to a woman. となります。しかし、意味は明白なので採点スケール2となります。

2 動詞の形が不完全な例

解答例 The man moving the box to other boxes.

講評 これも動詞の形に文法的間違いがある例です。正しくは、The man is moving the box to ... または The man moves the box to ... となります。to の後ろには動作の方向先を示す語句が必要です。

3 前置詞 to と on の使い方に誤りがある

解答例 The boxes are moved to on the floor.

講評 "box"と"to"の2つの語句を使用していますが、文法的な誤りがあります。"to on"と書いていますが、to ～は物や人の行き先を示す前置詞。一方、on ～は場所を示す前置詞で、両者を並べて使うことはできません。The boxes are moved to the floor. と書いていたら、採点スケール3となったでしょう。

まとめ

動詞を使いこなす

　英語の文の基本は「主語と動詞」。これをしっかり書けるようにすることが、2から3へ評価を伸ばすカギとなります。動詞の形は、主語の人称と数に合わせて決まります。解答例1のように2つの文を and でつなぐ場合は、A man moves a box and hands it to a woman. や、A man is moving a box and handing it to a woman. のように、動詞を主語に合わせると同時に、and の前と後の形もそろえなければなりません。

採点スケール *1* の解答例・講評

問題例 D で 1 と採点された 2 つの解答例と、それに対する講評を読みましょう。

1 与えられた語句を 1 つしか使っていない例

解答例 Two men having box

講評 これでは文として成り立ちません。現在進行形は＜ be 動詞＋動詞の ing 形＞で表しますが、「持っている」という意味の have は現在進行形では使いません。"having" ではなく have を使い、Two men have a box. とすれば文として成り立ちます。ただし、使用すべき語句の box と to のうち 1 つしか使っていないので、採点スケール 1 となります。

2 表現力が及ばない例

解答例 One person is trying to move to top oput one box to

講評 写真の人物の動作を何とか説明しようという努力は見られますが、後半の 6 語をうまくまとめられず、採点スケール 1 となります。恐らく One person is trying to move one box on top of another. （1 人の人物が 1 つの箱を別の箱の上に動かそうとしている）と説明したかったのでしょうが、表現の仕方がわからなかったようです。

まとめ

＜ be動詞＋～ing ＞「～しています」

動詞を ing 形にして現在進行形を作るときには、必ず be 動詞が必要です。He handing the boxes to the man. は誤りで、He <u>is</u> handing the boxes to the man. としなければなりません。

三人称・単数を表す単語

主語が三人称・単数の場合の動詞の形には注意が必要です。三人称・単数は、I、you 以外の 1 人の人、1 つのものすべてを含みます（例：he、she、it、a man、a woman、a dog、a chair、an airplane、the sun、the moon、ice cream など）。また、anything、everyone も三人称・単数として扱われます。

Writing Test Questions 1-5 で出題される問題例を見てみましょう。

Directions: Write ONE sentence based on the picture. Use the TWO words or phrases under the picture. You may change the forms of the words and you may use them in any order.

tickets / from

写真は vi ページにもあります。

ディレクションの対訳は 130 ページにあります。

採点スケール *3* の解答例・講評

■ 問題例 E で 3 と採点された 8 つの解答例と、それに対する講評を読みましょう。

1 主語に合わせた動詞を使っている

解答例 Passengers are buying tickets from vending machines.

講評 採点スケール 3 と評価されることが明白な例。主語が複数なので "are" と、主語に合わせて正しい動詞を使っています。

2 よくまとまった長い文

解答例 You can get tickets from those machines whenever you need tickets, but you might need some coins.

講評 長い文ですが、よくまとまっています。しかし、課題に合った解答なら、こんなに長い文を書く必要はありません。

3 採点されるのは 2 つの語句が入った 1 文のみ

解答例 This picture looks like a subway station. Two people are getting tickets from automatic machines. A woman is walking by them.

講評 3 つの文が書かれていますが、採点者は 2 つの語句が入っている 2 文目しか採点しません。この場合は、2 つ目の文がレベルを満たしているので採点スケール 3 となります。

その他の解答例・講評

4 **解答例** One lady is buying tickets from a ticket machine

講評 文末のピリオドが抜けていますが、採点スケール 3 の評価を得るレベルを満たしています。

5 **解答例** Some people are buying tickets from the automatic machines.

講評 採点スケール 3 の評価を得るレベルを満たしていることが明白な例です。

6 **解答例** People take tickets from the station's ticket machines.

講評 採点スケール3の評価を得るレベルを十分に満たしています。

7 **解答例** The lady from the market is trying to get a ticket from the ticket machine.

講評 与えられた2つの語句を使い、文法的に正しい1文を作りあげています。

8 **解答例** women are taking tickets from the vending machien.

講評 文頭が大文字になっていませんが、評価には影響しません。また、"machien"というつづりの誤りもありますが、machineのことであることは明白なので、採点に影響しません。

まとめ

長く凝った文も短い文も、採点は同じ

　前記の解答例はすべて採点スケール3のレベルを満たしています。中には、2文以上書いたり、長い1文を書いたりしている解答もあります。文を2つ以上書いたとしても、採点の対象となるのは与えられた2つの語句を含んでいる1文だけ。また、短い文より長い文の方が評価が高くなるということはありません。

採点スケール *2* の解答例・講評

■ 問題例 E で 2 と採点された 3 つの解答例と、それに対する講評を読みましょう。

1 動作を表す動詞が抜けている

解答例　Some people are tickets from the mechine

講評　重要な動詞の一部が抜けているため、文法的に問題がある解答です。"are" のあとには buying、または purchasing (purchase「購入する」の ing 形) が必要です。"mechine" はつづりの誤りで、正しくは machine。ただし、これは評価には影響しません。

2 2 つの文を 1 つにまとめている

解答例　People are in front of mechinse, they get tickets from that.

講評　1 文として書かれていますが、実際は 2 つに分けるべき文です。このように、異なることを表した 2 文をカンマでつなぎあわせた文は、文法的に誤りです。People get tickets from machines. と 1 文で書けば採点スケール 3 となります。

3 名詞と動詞の形の 2 つの誤り

解答例　One women is taken tikets from ticket macine. This place is

講評　文法的誤りが 2 か所あります。1 つは主語。"One" のあとに続けるのですから、単数形 woman を使わなければなりませんが、"women" と複数形になっています。2 つ目は "taken" です。これは take の過去分詞ですが、この場合は現在進行形を使って、One woman is taking tickets from the ticket machine. とすれば正しい文となります。

> ### まとめ
>
> **動詞の形に注意して文を作る**
>
> 　2 と採点された解答の多くは動詞の使い方に問題があります。主語が単数か複数かに気をつけ、見直しの際は、それに合った動詞になっているかに注意すること。解答例 1 のように重要な動詞が抜けたり、解答例 3 のように〜 ing でなく過去分詞を使ってしまったりしているケースも見られます。動詞の形と使い方を再度確認しておきましょう。
>
> **グループでの練習法**
>
> 　この問題形式の練習は、グループでゲームのように行うことができます。1 人が出題者になり、写真とそれに関連した 2 つの語句を提示し、ほかの人はそれに合う正しい 1 文を書きます。書いた文は全員で、文法的に正しいかどうかをチェックします。正しい文を書いている人に 1 点が与えられ、出題者を交代してまた同じように行います。正しくない文は、どこが間違っているかを確認し合いましょう。選ぶ語句の難易度を少しずつ変えるなどして試してみましょう。

Writing Test

Questions 1-5

151

採点スケール 1 の解答例・講評

問題例 E で 1 と採点された 2 つの解答例と、それに対する講評を読みましょう。

1 与えられた語句を 2 つとも使っていない

解答例 a few people is useing bankin machine.

講評 与えられた語句を 1 つも使っていないので、採点スケール 1 となります。

2 全体の意味を損なう、大きな単語の誤りがある

解答例 Some people are reservated from the tickets machine.

講評 与えられた語句を tickets、from と両方使っています。しかし、"reservated" という単語は英語に存在せず、何を言いたいのかわかりません。文の意味を損なう誤りなので採点スケール 1 となります。

まとめ

写真と与えられた語句をしっかり見る

与えられた語句を 2 つとも使わない限り、採点スケール 2 以上の評価は得られません。与えられた語句（ここでは tickets / from）を使って 1 文を書いているかどうか、きちんと見直しましょう。

Writing Test Questions 1-5 で出題される問題例を見てみましょう。

Directions: Write ONE sentence based on the picture. Use the TWO words or phrases under the picture. You may change the forms of the words and you may use them in any order.

luggage / because

写真は vi ページにもあります。

ディレクションの対訳は 130 ページにあります。

問題例 F の解答例・講評

採点スケール *3* の解答例・講評

■ 問題例 F で 3 と採点された 8 つの解答例と、それに対する講評を読みましょう。

1 原因と結果を説明した答え

解答例 The man is standing there because he is waiting for his luggage in the airport.

講評 男性が現在置かれている状況（「立っている」「待っている」）を現在進行形を使って表し、理由を述べる "because" でつないで文法的に正しく説明しています。

2 過去に視点をおいて説明した答え

解答例 The man was at a loss because he wasn't able to find his luggage.

講評 解答例 1 とは違い、過去に視点を置いて男性の状況を説明しています。前半・後半とも過去形を使って時制を一致させることで、文法力がきちんとあることを証明しています。"at a loss" は「途方にくれて」。

3 現在形と現在完了形で説明した答え

解答例 Passengers are supposed to take their luggage back because the travel has ended.

講評 上の 2 つの解答例とはまた別の時制を使っていますが、これも動詞の時制をきちんと把握している解答です。"because" の前までは、この写真で起こっていることを現在形で説明し、"because" から後ろでは、この写真の人々がなぜ待っているのかを現在完了形で表しています。このように、動詞の時制を使い分けることができれば、文章表現が容易になります。

その他の解答例・講評

4 **解答例** Some people are waiting because they have to pick up their luggage.

講評 うまく構成されている解答です。

5 **解答例** Passengers are waiting for their luggage to appear on the carrousel because their flight just arrived.

講評 現在の人々の様子（荷物が出てくるのを待っている）を現在進行形で、直前に起こったその原因となる出来事（飛行機が到着した）を過去形で説明しています。非常によく練られた解答です。carrousel は「回転荷台」。

6 **解答例** They are lokking for their own luggage because they need it.

  講評 "lokking" はつづりの誤りで正しくは looking。ただし、評価には影響しません。"luggage"「手荷物」は集合名詞で複数形にしない名詞。"they need it" と luggage を it で受けていることからも、そうした文法事項を把握しているという印象を与えています。

7 **解答例** The passenger's luggage has not appeared,because he took economy class!.

  講評 文末にエクスクラメーションマーク（!）とピリオド（.）が両方ついていますが、エクスクラメーションマークを使う場合、ピリオドは不要です。しかし、採点スケール3のレベルは満たしています。

8 **解答例** he is waiting for his luggage because it didn't arrive

  講評 文頭が大文字ではなく、文末にピリオドがありません。評価には影響しませんが、実際に書く文章ではルールを守り、文の始まりと終わりを読み手がすぐに把握できるように気を配りましょう。現在進行形と過去形を使った、文法的には正しい解答です。

まとめ

because があるので、「原因」と「結果」について書く

　because が与えられているので、「～なので…が起こっている」という「原因」と「結果」を含む文を書けばよいことがわかります。もう1つの語は luggage「手荷物」です。「なぜ人々（または1人の人）が荷物を見ているか」についての文を書けばよいのです。

動詞の時制に注意する

　この問題形式では、動詞の時制にも注意しなければなりません。例えば男性だけにスポットをあてて書くのなら、両方とも現在進行形を使って、The man is standing because he is looking for his luggage. と書けば論理的に問題ありません。しかし、「この写真が撮られる前に何かが起こったため、男性は今見ている」という内容を表そうとする場合は、現在進行形と過去形を使って、Tho man is looking because his luggage did not arrive. などと書かなければ筋が通りません。採点スケール3の解答は、こうした動詞の時制の使い方ができています。

採点スケール *2* の解答例・講評

問題例 F で 2 と採点された 3 つの解答例と、それに対する講評を読みましょう。

1 主語と動詞の不一致

解答例 Some passenger are waiting for their luggages because of delaying.

講評 some ～は「何人かの～」なので、"passenger" は passengers と複数形にする必要があります。正しい形は、Some passengers are waiting。主語と動詞の不一致は採点スケール 2 の解答例に非常によく見られる特徴です。また、luggage は複数形にはしません。

2 従属節のみの不完全な文

解答例 The man who is standing on left side n picture is looking on the belt. Because his luggage is lost.

講評 2 つの文で書かれていますが、採点の対象となるのは、設問で与えられた because と luggage を含んだ 2 文目です。しかし、下の「まとめ」にあるように、Because ～ . だけでは「原因」を述べているだけで、文としては不完全。「結果」の部分が必要になります。この解答では、belt のあとにピリオドをつけずに because ～ . と続ければ 1 つの文にできます。

3 読み手が理解しづらい解答

解答例 there are several people. and they are standing to same side. because they are looking for their luggage.

講評 3 つの文に分かれていますが、最後の because ～ . の文が採点対象となります。解答例 2 と同様に、because ～ . だけでは文と見なされません。また、この解答は文の始めが大文字で書かれていません。評価に影響しないものの、どこが文の始めかはっきりしないため、読み手にとっては非常に理解しづらい文となっています。

まとめ

Because ～ . だけでは文として成立しない

日本語では文として成り立っても、英語ではそれを文と捉えない場合があります。例えば、「彼は荷物をなくしたから」は、日本語では文として成り立ちますが、英語の Because he has lost his luggage. は単なる従属節で、これだけでは主節を欠いた不完全な文となります。英語では、荷物をなくしたから「何が起こっているのか」などを伝えなければ文として成立しません。Because he has lost his luggage, the man is standing in front of a conveyor belt searching for it. と「結果」を表す主節を加えて、初めて文として成立します。

大文字～ピリオドまでで 1 つの文が完結する

TOEIC® Writing Test では、文は大文字で始めてピリオドで終わらせるというルールを採点の対象にしていませんが、読み手に文の始めと終わりを示すのは英文を書くときには大事なルールですから、気をつけましょう。

採点スケール *1* の解答例・講評

問題例 F で 1 と採点された 2 つの解答例と、それに対する講評を読みましょう。

1 luggage と baggage を混同。because も使っていない

解答例 This is exit of airport. some people are waiting in second for their baggage to come out.

講評 この文で使わなければならない語は luggage で、"baggage"ではありません。これらは同義語ですが、ここでは luggage を使わなければ評価されません。また、because も使われていません。

2 luggage と baggage を混同。文も不完全

解答例 There are some baggages because there is the air

講評 解答例 1 と同様に、luggage でなく"baggage"を使っています。また、文も完結していません。ちなみに baggage も luggage と同じ集合名詞で、複数形にはしません。

まとめ

同義語に注意

　　luggage と似たつづりの語に baggage があり、これも「荷物」という意味の luggage の同義語です。しかし、この問題では同義語への言い換えは認められておらず、baggage を使って文法的に正しい 1 文を作ったとしても、よい評価を得ることはできません。

　　なお、luggage も baggage も集合名詞で単数扱いですから、複数形にはしません。luggage の後には三人称・単数形の動詞を続けて、The man is standing at the conveyor belt because his luggage <u>is missing</u>. のように使います。

Respond to a written request
Questions 6-7
Eメール作成問題

問題の概要

設問数　　2問

解答時間　各問10分。なお、2問目に進んでしまうと、1問目に戻ることはできません。

| Question 6 | ➡ | Question 7 |

課題内容　パソコン画面上のEメールを読み、指示にしたがって返信のメールを書く。

解答のポイント　情報の提示や要求など、全般的なライティング力があるかどうか。

高スコアの条件
① 課題内容に合った返信であること。
② 与えられた指示や情報に基づき、はっきりと自分の考えを伝えられる文章を構成すること。
③ 適切な接続語を使い、理路整然とした、まとまった文章であること。
④ 返信先にふさわしい文体で書いていること（たとえば、会社宛てのメールは、友達同士のメールと同じ文体では書かない）。
⑤ 意味が明瞭であること。文法的、語法的誤りが多少あっても、意味の理解を妨げないこと。

158

Writing Test Questions 6-7 は次のような問題形式で出題されます。

Directions: In this part of the test, you will show how well you can write a response to an e-mail. Your response will be scored on

- the quality and variety of your sentences,
- vocabulary, and
- organization.

You will have 10 minutes to read and answer each e-mail.

Directions: Read the e-mail.

FROM:	Dale City Welcome Committee
TO:	New Dale City Residents
SUBJECT:	Welcome to your new home!
SENT:	July 23, 4:32 P.M.

Welcome! We would like to be the first to welcome you to Dale City. We know that there are many things to do when you move, from finding your way around town to setting up your utilities. Please contact us if you need any help at all.

Directions: Respond to the e-mail as if you have recently moved to a new city. In your e-mail, make TWO requests for information.

対 訳

ディレクション： この問題では、Eメールに対していかにうまく返信が書けるかが問われます。作成した解答は、以下に基づいて採点されます。

　　　　　　　・文章の質と多様性
　　　　　　　・語彙・語句
　　　　　　　・構成

　　　　　　　解答時間は各メールに対して 10 分間です。

ディレクション： メールを読みなさい。

差出人：	Dale City Welcome Committee
宛先：	Dale City の住民となられた方々
件名：	新居へようこそ！
送信日時：	7 月 23 日　4:32 P.M.

ようこそ！　私どもは誰よりも皆様を Dale City へ歓迎いたします。町の地理を把握したり、水道、ガス、電気の手続きをしたりと、引越し当初にはやらなければならないことがたくさんありますよね。お手伝いが必要でしたら何でもご連絡ください。

ディレクション： 最近新しい町に引っ越してきたつもりで、このメールに返信しなさい。メールの中で、知りたい情報を 2 つ書くこと。

例題の解き方

■ 問題へのアプローチ ■

この問題でのあなたの立場は、最近引っ越した Dale City の Welcome Committee からメールを受け取り、それに対して返信メールを書くという設定です。メールには、質問したい事柄を2点書かなければなりません。次のステップに従って、返信メールを作成していきましょう。

① 質問を考える

あなたが Welcome Committee にたずねたい事柄を2点考えましょう。例えば、次のような質問事項が挙げられます。

- Can you tell me where the library is located? （図書館はどこにあるか教えてもらえますか）
- Where are the city parks? （市の公園はどこにありますか）
- Do you have a map of the city that you could send to me? （送ってもらえる町の地図はありますか）
- How does garbage get collected in Dale City? （Dale City ではゴミの回収はどのようにしていますか）
- How can I register to vote in local elections? （地方選挙などで投票するための登録はどうすればいいですか）

② 書き出しの文を考える

メールを返信する相手を再度確認しましょう。ここでの相手は、あなたを新住民として迎える Welcome Committee です。また、あなたはこの団体からすでにメールを受け取っていて、それに対する「返事を書く」という点にも留意しましょう。例をいくつか挙げます。

- Thank you very much for your e-mail welcoming me to Dale City. （私を Dale City に歓迎するメールをいただき、ありがとうございます）
- I am glad to be living in Dale City. Thank you for welcoming me. （Dale City に住むことになり、うれしいです。歓迎してくださってありがとう）
- I appreciate your e-mail. I do have some questions for you. （メールをいただき感謝しております。いくつか質問があります）

③ 締めくくりの文を考える

メールの最後には締めくくる1文を添えましょう。次のような文が使えます。

- Thank you again for writing to me. I look forward to receiving information from you. （メールを本当にありがとうございました。情報をお待ちしております）
- Thank you for answering my questions. （ご回答いただければ幸いです）
- I hope to receive answers to my questions soon. Thank you. （早めにお返事いただけると幸いです。よろしくお願いします）

160

採点ポイント

Writing Test Questions 6-7 は以下の 3 点について採点されます。

- 文章の質と多様性
- 語彙・語句
- 構成

解答は以下の採点ポイントに基づいて 0 から 4 で評価されます。

採点スケール	採点ポイント
4	すべての課題を的確にこなし、設問で要求された情報、指示、質問を複数の文を使って明確に伝えている • 筋の通った文章にするために一貫した論理構成で文章を構築する、または、適切な接続語を使用する、のうち、片方または両方がなされている • 文体や言葉遣いが返信先にふさわしい • 文法や語法の誤りが 2、3 あるが、言いたいことがわからなくなるほどではない
3	解答内容はよくできているが、設問で要求された課題の 1 つが基準に達していない • 課題のうちの 1 つを抜かしたり、うまく答えていなかったり、解答が完結していない • 少なくとも部分的には論理的な文章構成を試みたり、接続語も適切に使用している • 返信する相手のことが一応念頭にある • 文法や語法に目立った誤りが見られる。誤りがあるために言いたいことがわからなくなる 1 文がある
2	いくつか不十分な点がある • 1 つの課題にしか答えていないか、2 つまたは 3 つの課題に対応しているものの、いずれの課題も不十分もしくは完結していない解答である • 考えがうまく関連付けられていない、もしくは関連が明確でない • 返信する相手のことをほとんど意識して書いていない • 文法や語法に誤りがあるため、言いたいことがわからなくなる文が 2 文以上ある
1	重大な問題があり、設問で要求された情報、指示、質問をほとんど、もしくは全く伝えていない • 設問と関連のある内容を少し含むものの、課題を 1 つもこなしていない • 考えがうまく関連付けられていない、もしくは関連が明確でない • 文体や言葉遣いが返信する相手に適切でない • 文法や語法の誤りが頻繁にあり、ほとんどの場合、言いたいことが理解できない
0	設問に出てくる言葉をそのまま写している。テーマを無視している、あるいはテーマと関連していない解答である。英語以外の言語で書いている。意味のない記号を使用している、または、無解答

＊解答は各採点スケールの採点ポイントに基づいて評価されますが、ポイントのすべてを網羅していなければならないというわけではなく、総合的に評価されます。

Writing Test Questions 6-7 で出題される問題例を見てみましょう。

Directions: Read the e-mail.

FROM:	GF Products Customer Service
TO:	New customer
SUBJECT:	Thank you
SENT:	November 23, 11:27 A.M.

Thank you for your recent purchase of a GF3000 Home Printer. We hope that you enjoy our product. If you have any problems with the printer, please contact us via the Internet at help@ gfproducts.net. Thank you!

Directions: Respond to the e-mail as if you are a customer of GF Products. In your e-mail, describe ONE problem that you have had with the printer and make ONE request for information.

対訳は 165 ページにあります。

採点スケール *4* の解答例・講評

問題例 A で 4 と採点された 5 つの解答例と、それに対する講評を読みましょう。

1 文章の長さは評価に影響しない

解答例 To whome it may concern, Thank you for the e-mail from your customer service. I installed the printer but it doesn't work. I check the consent and installed again, however, it still doesn't work. Would you please come and check it? If this is impossible, can one of your technicians give me a call? I followed every detail in the manual. I also check the computer problem but I couldn't find any errors of my computer. Oh, if you can visit us, would you please bring two printer inks on the way to my house? I will for them. My home address is 1889 ...., ..., Washington, D.C. and my phone number is 555-5555. Thank you very much for reading this message. Look forward to hear from you at your earliest convenience. Best regards,

講評 この解答が 4 と採点されているのは、文章が長いからではありません。問題点をはっきりと説明し、要求をし、論理的で、この設定にふさわしい言葉を使用しているからです。多少の文法的誤りはあるものの、言いたいことが読み手に理解できる内容になっています。なお、採点スケール 4 を取るためにこれほど長い文章を書く必要はありません。

2 短くても採点スケール 4 のレベルを満たせばよい

解答例 I bought a GF 3000 home printer three months ago. It seemed that it works well when I got it, but since last month,papers has been jammed too frequently. I had called customer sevice center, so many service staff fixed the printer, but it broke down again. I would like to request for information whether I can exchage this product to another or get a full refund.

講評 解答例 1 と比べてみましょう。書き方、文法面では劣っていますし、長さも半分ほどしかありません。これは 4 と採点された解答の中ではレベルの低い例ですが、それでも問題点を説明し、質問もし、論理も明快で理解できる、という採点スケール 4 のレベルを満たしています。つづりや文法の誤りはありますが、大意に影響はありません。この程度の長さでも、課題をきちんとこなしていれば採点スケール 4 を取れます。

3 論理的でよくまとまった解答

解答例 Dear customer service representatives. I bought your GF 3000 Printer yesterday in Department. When I uncovered the box at home, I found the printer cartridge was not in the box. I've heard that a new cartridge would be followed in the printer, but there wasn't. I hope you will send me one immediately. And I wonder where I can buy a new cartridge later? Can I buy it at your website, or should I visit the off-line store? If you're running on-line shopping mall, could you let me know the website address? Thank you, and your prompt reply will be highly appreciated.

講評 間違いなく採点スケール 4 に値する解答です。問題点を詳しく説明し、いくつかの質問点を挙げ、最初から最後まで論理的に話を進めています。親しげで、この種のメールに適切な文体で書かれています。ここでの課題は「知りたい情報を 1 つ書くこと」なので、この解答では 3 つの質問を書いていますが、3 つ書かなくても採点スケール 4 は取れます。

4 高いレベルの採点スケール 4

解答例 Dear GF Products Customer Service: Hi, I've recently purchased a home printer, GF3000 model, but there seems to be one problem. I installed the printer and hooked it to my home computer two days ago, but for some reason error messages windows are frequently popping up. I don't know the reason. Can you tell me why this happens? I would be happy to receive a call from your technicians. There is one more thing I wanted to request. With the printer, I received one free catridge from one of GF Products shop. Is it possible that I can get another one? While I was trying to fix that problem I mentioned, I opened the printer cover and did something wrong. The printed copies are much darker than the ones I had seen initially. I would really appreciate it if you could fix this problem, too. Sincerely yours,

講評 4 と採点される解答も、そのレベルはさまざまです。その中でもこれは、採点スケール 4 を取るレベルを十分に満たしている、非常によい解答です。

5 完全な文法ではないが課題を満たす

解答例 Thanks for your mail. But I had some trouble using your company`s printer. Sometimes, The paper is jammed when printing a color photo. I tried to fix it. I replaced the photo catridge, and reinstalled the driver. But it never worked. Although I need to pay more, I want to change this printer to another one, GF3000, same model. Can you replace my printer to new one? I need your response. Please reply this mail to me. Have a nice weekend.

講評 問題点を挙げ、質問をし、メールに適した文体で、よくまとまった、わかりやすい内容です。解答はすべての課題を満たしているので、4と採点されるのは当然です。

まとめ

重要なのは長さではなく内容

　4と採点された解答例と講評から、解答の長さはあまり重要ではないことがわかると思います。数行だけの解答でも、課題をきちんと達成してさえいれば、採点スケール4となります。

必ず見直しをする

　大意に影響がなければ、文法や語法、つづり、句読点の誤りがあっても採点スケール4が取れます。つまり、完全でなくても4を取るのは可能だということです。しかし、できれば10分の制限時間内で全体を読み直し、明らかな間違いは直すように努めてください。

Writing Test

Questions 6-7

問題例Aの対訳

ディレクション：　メールを読みなさい。

差出人：	GF Products カスタマーサービス係
宛先：	新規のお客さま
件名：	ありがとうございます
送信日時：	11月23日　11:27 A.M.

この度はGF3000家庭用プリンターをご購入いただき、ありがとうございます。弊社製品をお役立ていただだければ幸いです。もしプリンターに何か問題がございましたら、help@gfproducts.net までインターネットでご連絡ください。

ディレクション：　GF Products の顧客になったつもりで、このメールに返信しなさい。メールの中で、プリンターの問題点を1つ説明し、知りたい情報を1つ書くこと。

採点スケール3の解答例・講評

問題例Aで3と採点された4つの解答例と、それに対する講評を読みましょう。

1 問題点を挙げていない

解答例 I'm happy with your GF3000 printer. I'm pleased about the speed and the quality it can print out. However, I have a question about perchasing inks. Would you let me know where I can buy the ink for this product or refill it? And I would also like to know until when I can get free repairing service of your company. Thank you for your mail and I'm looking forward to getting your answer.

講評 構成、文体、文法とも非常に優れ、英文自体はよく書けていますが、採点スケール4を取れない決定的な誤りがあります。ディレクションにある「プリンターの問題点を1つ書く」という部分について一切言及していません。

2 全体の意味はわかるものの、文法に問題がある

解答例 Thank you for your mail. I have been enjoying with GF3000. But I have a problm. you know, it has big noisy. so I use a head phone when I use a GF3000. and I don't like to smell printed paper. As soon as you possible come to my office and fix that. please...

講評 文法に問題があります。"it has big noisy"は理解しづらい文です。また、"smell printed paper"は、問題点とのつながりがよくわからないため、論理性に欠ける文章という印象を与えています。しかし、こうした点は全体の意味を妨げるほど重大な誤りではありませんので、採点スケール3となります。

3 文法に重大な問題

解答例 Thank you for your e-mail. Being Compared the last one that I used before, this is very beautiful-designed and shows high-performance. I think I made a proper choice. But there's a inconvient thing whie I use this new printer. It's the noise problem. It's speedy and has variety functions, however it's very noisy. And what I wannt your company is making a lot of technical advance. In addition to this, I hope you listen to customer's voices. So I hope you send a regular news-letter showing your attention. Thank you.

講評 文法と語法に明らかな間違いがあるため、採点スケール4ではなく3となる例です。"Being Compared ..." は文法的に正しい文ではありませんし、"And what I wannt（正しくは want）..." も誤りのある文。文法力をつければ上の評価を目指せるでしょう。

4 矛盾のある内容と文体に問題あり

解答例 I appreciate that you care so much about this purchase. I am fully contend with GF3000 printer. The only problem I have with this printer is, that it sometimes do not color-print. Is it user's fault? I remember my little son has touched the printer yesterday, and then, no color at all! I'd like to have some advice on this matter. Except this, the printer is all right. hmm, my son wants me to ask you about how to print two page on one paper. Well, I also want to know that this printer works with another operating system. I'll be waiting for your answers. Thank you.

講評 全体的にうまく構成され、語彙、文法も正しく、かなりよく書けている解答です。採点スケール4に非常に近いのですが、文のつながりがわかりにくい点と文体に問題があります。"I am fully contend（正しくは content）..." の部分で「プリンターには非常に満足している」、また、"Except this, the printer is all right." で「これ（＝カラー印刷できないこと）以外は問題ない」と言っていますが、カラー印刷ができないのは問題です。また、企業宛てというより友人宛てのメールのような文体です。

まとめ

片方の課題にしか取り組んでいない

この設問では、問題点を1つ書くことと質問を1つすることが求められています。解答例1のように片方が抜けている解答が、3と採点される解答ではよく見られます。

課題内容に答えることが重要

この問題では、細かな文法事項にこだわることより、課題を満たすほうが重要です。必ずしも完璧な文法で書かなくても採点スケール3を取れることが、解答例からもわかると思います。焦って書き出すよりも、課題内容をしっかり理解してから、解答を書き始めてください。

採点スケール*2*の解答例・講評

問題例Aで2と採点された2つの解答例と、それに対する講評を読みましょう。

1 課題にほとんど触れていない解答

解答例 The printer was delivered yesterday. I'm satified your home printer, but the manual is complicated to understand. So we took a long time to use properly. The qulity of color is amasing. My son is so happy. Besides, we don't need to photo software So I appriciate your service and kindness. If I have some errors, I will contact you.

講評 全体を通し、正しい語句と文法を使っている解答です。しかし、"the manual is complicated to understand"という箇所で問題点にはかろうじて触れているものの、質問に該当する文がありません。英文を書く力はあるのに課題内容を満たしていない例です。

2 文法力の欠如

解答例 Hi i am very satisfied with Model GF3000. it has a competence of preceeding 30 pages in minute. that is a greatest point of choice. but it has little inconveniece replacing a ink receptacle. .. i dont know how can i express that. anyway.. i cant stand it's weak hinge of the ink receptacle. Replacing ink receptacle needs mu i suggest to you that your pinter is

講評 英語として完全な文はほとんどありません。文法的に正しい英語を書く力がありません。しかし、課題内容の1つであるインク容器の問題については言及しているため、採点スケール2となります。

まとめ

何らかの形で課題の1つに言及すれば採点スケール2と評価

2と採点される解答の特徴は、2つの課題内容のうちの1つにしか触れず、たいていは読み手が理解しづらい文章であることです。文法、語法の誤りのために意味がわからない文が2文以上あり、ときにはすべての文の意味がわからないこともあります。

とはいえ、どんな形にせよ、少なくとも課題の1つに触れていれば採点スケール2となります。もしも指示文の中で意味が理解しにくい箇所があったら、そこは後回しにし、わかる部分から先に書くようにしましょう。

採点スケール *1* の解答例・講評

問題例 A で 1 と採点された 2 つの解答例と、それに対する講評を読みましょう。

1 課題に 2 つとも取り組んでいない

解答例 I have purchased your GF Product printer. I am satisfied with your products.

講評　問題点にも質問にも触れず、課題内容を 2 つともこなしていません。よって採点スケール 1 となります。

2 長くても、課題に取り組んでいない解答は採点スケール 1

解答例 Thank you . We received your good products, the home printer. and of course, we would like to say thank you of your kind help. and if we have any problems we will ask that to you immediately via e-mail. Ana we hope we will have a great relationship continuously. we think that your company is offering great poducts as well as great services . However , one of your products has some defections and I know that is not serious and when we ask you to change it , you changed it immediately without any complaints . we are really impressed by your quick and impressive responses. We dont have any special request but just we want to have continous your great service and help . And we hope your comany has a great future and we become one of your great customers

講評　解答例 1 に比べると非常に長い解答ですが、まったく同じ基本的な誤りがあります。この解答には問題点も質問事項も書かれていません。どんなに長く書いても、与えられた課題に取り組んでいなければ採点スケール 1 となります。

まとめ

確実に課題に答える

　たとえどんなに上手な文章で、構成も論理的で、文体も文法も適切であっても、課題に 1 つも答えていなければ採点スケール 1 しか取れません。ですから、この問題で何よりも大切なのは、課題を把握し、それに沿って答えを書くことです。

問題例 B

Writing Test Questions 6-7 で出題される問題例を見てみましょう。

Directions: Read the e-mail.

FROM:	FHN Certification School Recruitment
TO:	Bristol City Jobs List Serve
SUBJECT:	Certification classes
SENT:	August 4, 8:56 A.M.

Are you looking for a better job? Do you lack the skills you need for a better job? If so, FHN Certification School is for you! We offer training and certification courses in popular, high-earning fields like accounting, computer repair, Internet Web page design, and more! Contact us now to learn more!

Directions: Respond to the e-mail. In your e-mail, describe your current skills and make TWO requests for information.

問題例 B の解答例・講評

採点スケール 4 の解答例・講評

問題例 B で 4 と採点された 5 つの解答例と、それに対する講評を読みましょう。

1 採点スケール 4 の中でもレベルの高い解答

解答例 Dear Recruitment I'm a English editor in a publication company. I've worked here for 5 years, and my specialty is English book editing and publication planning. Although I'm good at editing and planning, I should learn more about the Web page design, because the on-line books are very popular thess days. I have 2 questions about your classes, the class schedules and the tuition. Due to my present job, I should attend the evening classes. Do you have any evening classes on weekdays? And how much the tuition for each course? Thank you for the consideration and I'm waiting for your reply.

講評 自分の現在持っているスキルを説明し、2 つの質問をし、かつ論理的な構成で、状況にふさわしい文体で書くという課題をすべてこなしています。文法もほぼ完全です。これは、採点スケール 4 の解答の中でも非常にレベルの高い解答です。

2 非常によくまとまった、レベルの高い解答

解答例 Dear sir, I am really interested in your training and certification courses, especially in accounting. I graduated from the XXX college, majoring in accounting and tax in 1999 and currently work as a financial exeuctive for OOO company located in Seoul. To promote and get the better position, however, I need more information on accounitng and actually I am considering to take the CPA exam. I would like to know whether you are offering classes for CPA exam or any specialized courses for accounting. If you have any pamplet to describe your program, please send one copy to me. My address is .... I also like to know the schedule of accounting courses in 2006 and the required documents for enrollment. Thank you very much in advance. Sincerely yours,

講評 構成力が優れ、非常にうまく書いてあり、必要なレベルを満たしています。この問題で要求されている以上の内容です。

3 通し番号をふって質問事項を列挙

解答例 Thanks for your e-mail. I really want to get a job as a Internet Web page designer. I can use some softwares a little, and I can make a Internet Web page. But I'm a beginner. So, if your course is fit to me, I'm planning to learn the Internet Web page in your School. Please let me know before things detaily. 1.How long do I have to spend to learn all the course of Internet Web page design? 2. When will the class will be opened? * I'm working from 06:00 to 11:00 on weeks. ** If possible, I want to get your time table of every class. 3. How much do I pay for the course? Thanks for your kind cooperation.. Sincerely yours,

講評 英語にはない"detaily"という単語やその他いくつかの誤りから判断すると、解答者には十分な英語力があるとは言えません。しかし、採点スケール4のレベルは満たしています。「知りたい情報を2点」という条件に対し3点挙げていますが、1、2、3と通し番号をつけて書いています。こうしておくと、見直すときに条件に合った数であるかどうかが一目で確認できます。

4 まとめられるところはすっきりとコンパクトに

解答例 Hello, I think It'll be a good opportunity for me to develope my ability. I have a lot of interests in Web page design. I'm already accustomed to using a design software, and some other design tools. I'd studied industrial design in my university for 4 years until last year. Do you have night time classes? I won't be able to attend the class during daytime because I have to do my part-time job at that time. I'll appreciate if you provide me the information about the registration fee. Thank you and I'll wait for the answer!

講評 長く書けば高い評価が得られる、ということはありません。この解答は解答例3で紹介した通し番号のテクニックを使って、1) Do you have night time classes? 2) What is the registration fee? のように書けば、もっとコンパクトにまとまります。文の数は少なくなりますが、この方法でも採点スケール4を取れるでしょう。

172

⚡ 短いが条件を満たした例

解答例 Hello. I read the e-mail what you send me. I majored in Graphic Design at University and graduated in 2004. And I'm the winner of Seoul Graphic Contest. I want to learn about Internet Web page design. I want to enter the FHN Certification School. What can I send to you? And how much is that class? Please give me some information. Thank you.

講評 ほかの解答例に比べて短いですが、現在の自分のスキルと、"What can I send to you?"、"And how much is that class?"という2点の質問を示しており、採点スケール4のレベルを満たしています。

まとめ

採点スケール4を取るためには4文以上を目安として書く

課題は、「現在の自分のスキル」と「質問を2つ」書くこと。これら3点のどれか1つでも欠けていれば、採点スケール4は取れません。

解答例では長さがまちまちですが、ディレクションでは具体的な文の数や長さは明記されていません。ただし、4と採点された解答例を見ると、どの解答も少なくとも4文以上はあります。ですから、この問題で高い評価を得るためには、4文以上書くことを目安としましょう。

問題例Bの対訳 ....

ディレクション： メールを読みなさい。

差出人：	FHN資格学校生徒募集係
宛先：	Bristol City Jobs List Serve
件名：	資格講座のご案内
送信日時：	8月4日　8:56 A.M.

もっとよい仕事をお探しですか。それには必要なスキルが不足していますか。もしそうなら、そんなあなたにピッタリなのがFHN資格学校です！　経理やコンピューター修理、ウェブページデザインほか、人気のある高収入な分野で研修と資格認定コースをご用意しています！　詳しくは当校までご連絡ください！

ディレクション： このメールに返信しなさい。メールの中で、あなたが現在持っているスキルを説明し、知りたい情報を2つ書くこと。

....

採点スケール*3*の解答例・講評

問題例Ｂで３と採点された４つの解答例と、それに対する講評を読みましょう。

1 文法的誤りの多い解答

解答例 Hello. Thanks for offering valuable informations on FNH Certification School. I have interested in accounting and internet web design. I majored in accounting in university and minored in coputer science, so I have basic knowledge about two subjets. I have several questions about your school curriculum so as to want there to develop professional skills. I wonder if your school curriculum is suitable to majored or minored person. In addition, if any, there is some tuituional supprot such as part- time jobs. I wish your quick reply. Thaks.

講評 課題内容を満たす解答にまとめてはいるものの、文法的誤りが非常に多くあります。例えば、"I wish your quick reply." は一見英語の文として問題なさそうですが、I hope for your quick reply. が文法的に正しい英語です。さらに指導を受け、英語を書く練習を重ねれば、上の評価を目指すことができるでしょう。

2 ほぼすべての文に文法上の誤りがある

解答例 I need a good computer skill. I am specially interested in accounting and Internet Web page design. I am wondering the cost about them. And your class session opening time. What is the contents accounting and Internet Web page design? What period is to get the certification to me? And If I will get the certification, What kind of companies are I will getting the job? I am waiting to your reponse. thanks.

講評 ほとんどすべての文に文法上の誤りがあります。課題は何とかこなしていますが、文の流れはスムーズではありません。採点スケール４の解答例に比べると、表現力に明らかな差があります。

3 文法に誤りがあり、自然な文章ではない

解答例 my major is industrial engeering. after i finished my school, i couldn't find a job. so, i'd like to learn more computer and Internetweb page design. i think that to find job computer skills are very important. i wonder how i can enroll your school, how much fee? so on detail informations. as soon as you receive this e-mail, send to answer above questions. thank you!!

講評 これも文法と語法に問題が見られる解答です。例えば、"i wonder how i can enroll your school, how much fee?" は、正しくは I wonder how I can enroll in your school, and how much the fee is. となります。解答例1、2と同様、課題内容は基本的に満たしていますが、採点スケール4を取れるほど自然に書ける英語力がありません。なお、友達へのメールで、一人称のIを小文字のiで書く人がいますが、これは正しい英語ではありません。

4 ライティングの力はあるが、課題を書き終えていない

解答例 I'm working for a trade company now. I can speak and write in English and I'm still practicing it. I also have computer skills such as internet, spreadsheet. But these days I don't feel like continuing this work. So I would like to learn about accounting to change my job. Can I have some information about your accounting course? And I want to know how

講評 見事なライティングスキルを持った解答です。しかし、質問事項が経理コースについて教えてほしいという1点だけで、もう1点については書き終えていません。採点スケール4を取るための重要な要素が抜けているため、採点スケール3となります。

まとめ

採点スケール3と4の違いは文法力

　3と採点される解答例と4と採点される解答例の最も大きな差は文法力です。4を取る解答にも文法的な誤りはありますが、その数は3に比べて少なく、また、あったとしても大意に影響がありません。

正しい英文を書くには文法をマスターすること

　解答を書き終わったら、文法的に正しい文章になっているかどうかを見直しましょう。特に、主語と動詞が一致しているか、また、解答全体を通して動詞の時制を正しく使っているかという点に留意してください。
　ライティングを上達させるには文法知識は不可欠です。文法をマスターするには時間がかかりますが、この力なくしては TOEIC® Writing Test での高い評価は望めません。

採点スケール *2* の解答例・講評

問題例Bで2と採点された2つの解答例と、それに対する講評を読みましょう。

1 2つの質問事項がはっきり書かれていない

解答例 Thank you for your e-mail. I majored in electronics at university. I have two certifications related to electonics and a Hanja certification. Althogh I hope to know accounting or economics a bit, I'm aware of nothing about them. So I wish to enter acounting class and something concerning economics.

講評 自分のスキルについてははっきりと説明していますが、質問事項がはっきり書かれていません。3つの課題のうち1つしか解答していないので、採点スケール2となります。

2 1つしか質問していない

解答例 I'm interesting FHN Certification School because I'm looking for a job. I'll be computer programmer. So I'd like learning programming software and so on. Would you give me some infomation?

講評 英文自体は悪くはありません。しかし、1つの情報についてしか質問しておらず、自分のスキルを説明している箇所もありません。もう1点何か質問を書いていれば、上の評価となったでしょう。

まとめ

書き始める前にポイントを整理しておく

　2と採点される解答例には、何を言いたいのかがわからないような重大な文法的誤りがある場合と、課題内容を1つしかこなしていない場合とがあります。そのうち、多いのは後者です。ですから、まずはディレクションで指示された条件を満たすことを念頭に置いてください。また、中には、課題を取り違えている解答例もあります。ディレクションを落ち着いて読み、書くべきポイントを間違えないようにしましょう。

採点スケール *1* の解答例・講評

■ ....

問題例Bで1と採点された2つの解答例と、それに対する講評を読みましょう。

1 指示文を読み間違えている

解答例 Hello I am a manager on FHN Certification School Recruitment. Are you finding another job better than present job? However, do you lack the skill for a better job? Don't worry about that!! I can give you help about that worry. I recomment FHN Certification School. It has many training and certificatn courses like accounting, couputer skills, Internet Web page design, and more. You can select any course on your needs. And that course will give you help on finding a better job. If you need that help, contact us now. We will be a partner with you. Thank you.

解答例 英文自体は英語のネイティブスピーカー並みと言っても過言ではありません。文法、語法に誤りはなく、全体を通して非常に自然な文章です。しかし、課題に対して何1つとして答えていないため、採点スケール1となります。恐らくディレクションを読み違えたのでしょう。FHNの担当者宛てのメールでなく、ディレクションにあるFHN担当者からのメールを書き換えたものになっていますが、課題とはまったく関係のない解答です。

2 設問と関連はあるが、課題には答えていない

解答例 I want to learn Internet Web page design skills and concerning computer programs.

講評 文の内容に設問との関連性は見られるものの、課題には1つも答えていません。

> **まとめ**
>
> **1と採点される例は、かろうじて設問と関連した内容を書いている**
>
> 採点スケール1になるのは、課題を1つも達成していない場合です。意味が理解できないほど文法の誤りが多いのも1の特徴です。上の解答例1は、上手な英語で長く書いているのに、課題を取り違えているために1と採点されていますが、これは非常にまれなケースです。たいていはかろうじて課題との関連性を認められて採点スケール1となるケースが多いようです。

Writing Test Questions 6-7 で出題される問題例を見てみましょう。

Directions: Read the e-mail.

FROM:	Donna Richardson, Director of Human Resources
TO:	All departmental staff
SUBJECT:	Schedules
SENT:	October 10, 9:53 A.M.

We are in the process of creating the work schedule for next month. To do so, we need to know when you cannot work. Please explain your absences.

Thank you,
Donna

Directions: Respond as if you work for a company where Donna Richardson is the director of the human resources department. In your e-mail to Donna Richardson, tell her about TWO times when you cannot work and give at least ONE explanation why.

対訳は 181 ページにあります。

問題例 C の解答例・講評

採点スケール *4* の解答例・講評

問題例 C で 4 と採点された 5 つの解答例と、それに対する講評を読みましょう。

1 レベルの高い解答

解答例 Dear Donna, In response to your e-mail regarding the work schedule for next month, I cannot work on the first Friday of November, since I had planned a family vacation for the weekend long before I received your notice. This is a big family event and I cannot adjust the scheduel right now. I may also not be available on the last day in November because I am scheduled for a training on the new products of our company. It is essential and mendatory for an engineer to do his/her job properly. The training will take a whole day. If you have any questions on my schedule or need an explanation, please feel free to contact me. Thanks.

講評 素晴らしい解答です。理由を添えて勤務できない日を 2 日挙げています。文の構成はわかりやすく、文法もきちんとしています。つづりの誤りが "scheduel"（正しくは schedule）、"mendatory"（正しくは mandatory「強制の、義務の」）の 2 か所ありますが、言いたいことはわかりますし、全体に影響を与える誤りではありません。採点スケール 4 の例の中でもレベルの高い解答です。

2 用件を簡潔に述べた解答

解答例 Hello Donna, I'm going to take one week vacation from Mon 6th to Fri 10. And I have to visit the Fukuoka branch on Mon 20th. I'll be ready to join you except for these 6 days.

講評 短い解答ですが、課題にはすべて答えています。課題内容さえ満たせば長く書く必要はまったくないことが、この解答例からもわかります。親しげでありながら、ビジネス上の返信にふさわしい文体です。

3 接続語を活用してまとめた例

解答例 Dear Mr. Donna, I write to you in response to your mail concerning the work schedule for the next month. In fact, I will fly the Brazil for a investor conference which is planned on 5 November. And I will be back on 10. After that, I will be off from office from 23 to 25 for a 3 day intensive language training in Paris. At the rest of time, I will be at work. You could call me should you have any further questions.

講評 11月5日から10日まで投資家の会議のためブラジルへ行き、11月23日から25日までパリで行われる語学研修に出かけるという内容が、わかりやすくまとまっています。" In fact"、" And"、" After that"、" At the rest of time" という接続語を使ったことで、終始一貫した解答に仕上がっています。

4 課題で要求されている項目を満たせば採点スケール 4

解答例 Hi! The first week of November I can't work. At that time I have a plan to vacation to Europe with my friends. I will stay a week in Europe while travelling. And I can't work November 29 and 30. I made promise with my son to go to ski near Kangwon Province. I only spent my time to work but I'd like to spend with my family this year. I'm sorry but I think you do understand me. You also have family. I'll do my best my work after taking a rest. PS) It's very cold. Take care not to take cold. Thank! Good day!

講評 "I only spent ..." は意味がわかりにくい文ですが、それ以外は問題なく、わかりやすく構成されています。前の3つの解答例に比べると劣るものの、課題もきちんと達成しているので、採点スケール4となります。

5 語法の誤りはあるが、全体の出来はよい

解答例 Hello Donna. I think I wanna be off on 5th and on 26th next month. 5th next month is my sister's birthday. As you know she's been abroad for 3 years, and this time she will be back home. So I plan to spend time with all my family and celebrate her birthday whole day. 26th next month, I have an exam. It's for a license whis is very helpful for our feild. So I think if I get the license, it also be great to our company. Because this exam start at 10:00 am, I wouldn't work. Thank you.

講評 1行目の" wanna" は俗語ですから、仕事上で使うには適切でありません。ここでは want to を使わなければなりません。ほかにもいくつか語法的な誤りがあります。" celebrate her birthday whole day" は celebrate her birthday for the whole day、" 26th next month" は On the 26th of next month、" this exam start" は this exam starts としなければなりません。しかし、全体的な構成はよいですし、" wanna" 以外は適切な文体で書かれています。

信頼を得るには正確な文章を書く必要がある

　これまでの説明でも再三指摘したように、わかりやすく書くことは高い評価を得る上で非常に重要なポイントです。ではなぜそれほど重要視されるのでしょうか。まず第1に、ビジネス文書であいまいな書き方をして誤解が生じた場合、時間とお金のロスにつながるからです。第2には、それがあなた自身の信頼に関わることだからです。

　文法が正しく、すっきりまとまった文章であれば、人は「ああ、この人はきちんと考えて自分の意思を伝えているのだ」と真面目に受け取ってくれるでしょう。ところが、文法的に間違いが多い文章では、恐らく真剣に取り合ってはもらえません。英語を使って自分の意見を相手に伝えたければ、正しい文法で上手に構成された文章を書くことです。

問題例 C の対訳

ディレクション：　メールを読みなさい。

差出人：	Donna Richardson, 人事部長
宛先：	全部門のスタッフ
件名：	日程
送信日時：	10 月 10 日　9:53 A.M.

来月の仕事の予定表を作成中です。そのために、皆さんが勤務できない日を知る必要があります。また欠勤の理由も教えてください。

よろしくお願いします。
Donna

ディレクション：　Donna Richardson が人事部長を務める会社で働いているつもりで、返信しなさい。Donna Richardson に宛てたメールの中で、あなたが勤務できない日時を 2 つ伝え、その理由を少なくとも 1 つ書くこと。

採点スケール *3* の解答例・講評

問題例Cで3と採点された3つの解答例と、それに対する講評を読みましょう。

1 1つの勤務できない時の説明しか書かれていない

解答例 I would like to work from 10 am to 6 pm and take 2 weeks vacation to go abroad, especially to Europe in order to see my friends living in Switzerland. She said to me that she would take vacation from 25 novomber to 1 december. I am going to take airplane at 12 pm at the 24 november.So I will take vacation from 24 nov to 6 december. I can attend the meetings at any time. Please tell me the work schedule.

講評 休みについて細かく説明することに気を取られ、2つ目の「時」について書くことを忘れてしまったようです。"to see my friends .... She ...."とありますが、"friends"は複数形なのでTheyで受けなければなりません。しかしこれは些細なミスです。

2 毎週休む曜日をたずねられているわけではない

解答例 I can't work on saturdays because I have to participate in a soccer game every saturday. I'm very sorry about that but any day, any time is okay except saturday.

講評 "I can't work on saturdays"（正しくは Saturdays）「毎週土曜日は働けない」という文は、毎週土曜日に休む必要性があることを伝えている文であり、「勤務できない日を2つ伝える」という課題に合っていません。

3 文法、語法に問題があり、課題に半分しか取り組んでいない

解答例 Hello, Dinna I recieved your announce. According to your request, I cannot attend the meeting in this weekend. At this day I must meet a important customer. This schedule was fixed before your announce. It is hardly to change the day. Thank you

講評 "It is hardly ..."の文に文法と語法の明らかな間違いがあり、また、課題の1つが抜けているために採点スケール3となります。この解答では、仕事ができない日を1日とその理由を述べているだけで、もう1つの勤務できない時には触れていません。

設問の "TWO times" の意味に注意

　この設問の指示は、In your e-mail to Donna Richardson, tell her about TWO times when you cannot work（Donna Richardson に宛てたメールの中で、あなたが勤務できない日時を 2 つ伝えなさい）というもの。この場合の time とは、ある特定の「日時」や「期間」のことです。例えば、November 3-5（11月3日から5日まで）とか、the week of November 10（11月10日の週）など、「日にち」、「複数にまたがる日にち」、特定の「週」を示す必要があります。

　しかし、time を「1日の中のある一定の時刻や時間帯」という意味に取ってしまった人がいるようです。例えば「『午後9時以降』働けません」といった場合、これは毎日繰り返し訪れる時間で、特定の「日時」や「期間」を表していることにはなりません。このように毎日、毎週繰り返される「勤務時間」を英語では work hours、hours of work、または shift と言います。

採点スケール *2* の解答例・講評

問題例Ｃで２と採点された２つの解答例と、それに対する講評を読みましょう。

1 理由を１つ述べているだけ

解答例 My schedule is decide till next month. I am very busy because I have to prepare for the large meeting, so I can't take off. If the meeting finish, I will take a week off and take a trip to Eurpope with my wife. Please approve of my wish.

講評 会議が終わったら、１週間休みを取って旅行へ行きたいという理由は述べているものの、どの週に休みを取るかの「時」が具体的に示されていません。また１文目は、My schedule is <u>already decided</u> for next month. か、My schedule <u>cannot be decided until</u> next month. のどちらを意図しているのかわかりません。課題をきちんとこなしていない点と、最初の文が不明瞭なため、採点スケール２となります。

2 文法に問題があって理由がわからない

解答例 I need two time because i will go to india why my brother in jun adn in auguste i have a freind who will get married in the nited states. He wants i come to new york to see he, after i will visit country. So i need a week beetween the 10 of jun and the 18 of jun and one and half after the 15 of auguste. Please agree my schedules in this time of year i have less work than in winter. I know there is big metting arround the

講評 ２つの「時」は述べていますが、文法に問題があって理由が読み取れません。"He wants i come ..." の文がはっきりしません。"He" が友達を指すのか兄弟を指すのかがわかりづらいうえ、２文目で、"after" のあとに未来を表す "will" が使われているのは文法上の誤りです。

まとめ

代名詞は直前で話題となった「人」「もの」を指す

解答例２の講評に、he が指している人物がわかりづらいとあります。代名詞は、それが何を指すのかをきちんと押さえて使わなければ、読み手に混乱を与えます。「兄弟」と「男性の友達」について書き、次に he を使う場合、この代名詞は直前で話題となった人物を指すのが普通です。読み手はそのつもりで読み進めますので、もう片方の人物についての話であれば、代名詞ではなく、もう一度名詞を繰り返す必要があります。

採点スケール *1* の解答例・講評

問題例 C で 1 と採点された 2 つの解答例と、それに対する講評を読みましょう。

1 メールの内容を誤解し、課題を把握していない

解答例 I,m sorry that the meeting not attend beacause of my study schedule. but I will attend meeting next time

講評 Donna Richardson の送ったメールを誤解しているようです。課題を何も達成していないため、採点スケール1となります。

2 長くても課題とは関係のない内容

解答例 hello Mrs Richardson, It's a cheerful proposition. i 'am so glad to work with you next week. I know i respond you late, but i was in business travel. So i'am free on thrusday afternoon and all friday. I think you'll do a good work of cooperation. However, please don't worry about my vacation because i like to work . And if we need more times I've contacted my chief and he's agree to give me an extension with you about our project. Please confirm me if it's ok for you as possible. Best Regards

講評 Donna Richardson からのメールを、一緒に仕事をしないかという誘いのメールと勘違いしているようです。かなり長い解答ですが、課題には何 1 つ答えていません。文法力も不足しています。

まとめ

読解力の強化も必要

上記の 1 と採点された解答例はどちらも、Donna Richardson からのメールの内容を取り違えています。質問を読んで理解する力が不足していると思われます。高い評価を目指すためには、読解力も身につける必要があります。

ライティング力は、考えるだけでなく書くことで身につく

ライティング力をつけるには、頭で文を考えているだけでは不十分です。実際に考えたことを書く時間を取りましょう。TOEIC® Writing Test はパソコンを使って行われますので、練習のときもパソコンのキーボードで打って書くことをお勧めします。また、タイマーを使い、この問題の制限時間である 10 分でどのくらい書けるのかを体感することも大切です。

Write an opinion essay

Question 8

意見を記述する問題

設問数	1 問

解答時間	30 分

Question 8

課題内容
提示されたテーマについて、論拠を示しながら自分の意見を説明する。
▶ テーマは、複数の意見が考えられる内容。語数の上限、下限は決まっていないが、高い評価を得るには 300 語以上が目安になる。

解答のポイント
① テーマに合わせて考えをまとめられるか。
② いくつかの要素から成り立つ考えを表現できるか。
③ 理由や論拠、例、補足説明が書かれているか。
④ 論理的に書かれているか。
⑤ 正しい語句を使っているか。
⑥ スタンダードな書き言葉を使っているか。

高スコアの条件
上記の「解答のポイント」の項目をできるだけ多く満たしていること。

Writing
Test

Question
8

Writing Test Question 8 は次のような問題形式で出題されます。

Directions: In this part of the test, you will write an essay in response to a question that asks you to state, explain, and support your opinion on an issue. Typically, an effective essay will contain a minimum of 300 words. Your response will be scored on

- whether your opinion is supported with reasons and/or examples,
- grammar,
- vocabulary, and
- organization.

You will have 30 minutes to plan, write, and revise your essay.

Directions: Read the question below. You have 30 minutes to plan, write, and revise your essay. Typically, an effective response will contain a minimum of 300 words.

There are many ways to find a job: newspaper advertisements, Internet job search Web sites, and personal recommendations. What do you think is the best way to find a job? Why? Give reasons or examples to support your opinion.

対 訳

ディレクション: この問題では、質問に対して自分の意見を記述します。ある論点について自分の意見を述べ、説明し、それを裏付けてください。一般的には、効果的な解答を作成するには少なくとも 300 語以上必要でしょう。作成した解答は、以下に基づいて採点されます。

　　・理由や例を挙げて意見を述べているか
　　・文法
　　・語彙・語句
　　・構成

構成を考え、書き、見直すための解答時間は 30 分間です。

ディレクション: 下の質問を読みなさい。構成を考え、書き、見直すための解答時間は 30 分間です。一般的には、効果的な解答を作成するには少なくとも 300 語以上必要でしょう。

仕事を探す方法には、新聞の求人広告、インターネットの求職サイト、または人からの紹介など、さまざまな方法があります。あなたは、仕事を探すにはどの方法がもっともよいと思いますか。また、なぜそう思いますか。理由や例を示して、自分の意見を裏付けなさい。

例題の解き方

■ 問題へのアプローチ ■

① 自分の意見を決める

質問内容を押さえ、自分の意見をはっきり決めます。決め方は自由ですが、「自分の考えに近い方を選ぶ」、「理由や具体例を英語で思い付ける方を選ぶ」など、自分が書きやすい方を選びます。左ページの例題では、「仕事を探すのに最適だと思う方法は何か」が聞かれています。例に挙げられた「新聞の求人広告」「インターネットの求職サイト」「人からの紹介」という3つの方法から自分の意見を決めます。

② 書き始める前に理由と例を考える

意見を決めたらすぐに書き始めるのでなく、自分の意見の裏付けとなる理由や例を先に考えます。考えがまとまったら書き始めましょう。

③ 自分の意見を最初にはっきり示す

自分の意見は必ず冒頭に書く、という決まりはありませんが、この問題では自分の意見をはっきりと読み手に印象づけることがポイントなので、冒頭に書くのが一番よいでしょう。以下、「意見の提示」「理由」「例」の書き方の一例を紹介します。

意見の提示

- I think that the best way to find a job is to use Internet job search Web sites.
  (私は、インターネットの求職サイトを使うのが、仕事を探すには最もよい方法だと思います)

理　由

- Internet job search Web sites have more jobs than any other place.
  (インターネットの求職サイトには、ほかよりもたくさんの仕事が載っています)
- They allow people to match their skills to specific jobs.
  (自分の持っているスキルに合った仕事を見つけやすいです)
- In addition, you can search by city and other factors that might be important to you.
  (それに加えて、地域別の検索など、自分にとって重要な条件で検索できます)

例

- I have found my own jobs on job search Web sites, including my current job.
  (私は現在の仕事も含め、これまで求職サイトで仕事を見つけてきました)
- If you have a specific skill, like teaching English, you can find listings for English teachers.
  (英語を教えるといった特技がある場合、英語教師募集欄が見つかります)
- If you want to work in a specific city, like Tokyo, you can use the tools of the Web sites to focus on jobs in that city.
  (例えば東京など特定の地域で働きたい場合、ウェブサイトのツールを使ってその地域の仕事に絞り込むことができます)

採点ポイント

Writing Test Question 8 は以下の 4 点について採点されます。

- 理由や例を挙げて意見を述べているか
- 文法
- 語彙・語句
- 構成

解答は以下の採点ポイントに基づいて 0 から 5 で評価されます。

採点スケール	採点ポイント
5	テーマと課題に正確に取り組んでいる • 適切な説明、例、詳細を明確に示し、よく構成され、展開されている • 全体がよくまとまり、論理の発展性、一貫性がある • 一貫して言語運用能力がある。語彙・語句や文法の些細なミスはあるものの、多様な構文、適切な語彙・語句、慣用的な語法を使っている
4	十分に説明されていない点は多少あるが、テーマと課題に正確に取り組んでいる • 適切な説明、例、詳細を十分に示し、構成も展開も概ねよい • 同じ内容が繰り返されたり、話が脱線したり、つながりがあいまいな箇所がいくつかあるが、全体がよくまとまり、論理の発展性、一貫性がある • 言語運用能力があり、多様な構文を使い、幅広い語彙・語句もある。しかし、文の組み立てや語形変化、慣用的な語法に、理解を妨げない程度の些細な誤りが時折見られる
3	ある程度は効果的に、説明、例、詳細を示し、テーマと課題に取り組んでいる • 話の関連性が不明瞭な箇所があるが、内容にまとまり、発展性、一貫性がある • 正しい文を作成したり語彙・語句を使う力が一定しておらず、その結果、意味が不明瞭になる箇所がある • 構文、語彙・語句は正確だが、使えるものに限りがある

2	テーマや課題を十分に展開させていない • 全体の構成も話の関連性も十分ではない • 課題に対する結論の根拠や説明に必要な例、説明、詳細の示し方が適切でない、かつ不十分である • 語彙・語句の選び方、語形が適切でない • 構文、語法の誤りも非常に多い
1	詳細な説明が全く、もしくはほとんどなく、あったとしても的外れであり、課題に関係があるかどうか判断しかねる対応をしている ・ 全体のまとまり、話の展開とも全くない ・ 構文や語法の重大な誤りが頻繁にある
0	設問からそのまま言葉を写している。テーマを無視している、あるいはテーマと関連していない解答である。英語以外の言語で書いている。記号を使用している、または、無解答

＊解答は各採点スケールの採点ポイントに基づいて評価されますが、ポイントのすべてを網羅していなければならないというわけではなく、総合的に評価されます。

Writing Test Question 8 で出題される問題例を見てみましょう。

Directions: Read the question below. You have 30 minutes to plan, write, and revise your essay. Typically, an effective response will contain a minimum of 300 words.

At some workplaces, employees use computers and other company equipment for their personal needs. Should employers allow employees to use company machines and equipment in this way? Why or why not? Give reasons or examples to support your opinion.

対訳は 196 ページにあります。

問題例 A の解答例・講評

採点スケール *5* の解答例・講評

■ ....

問題例 A で 5 と採点された 3 つの解答例と、それに対する講評を読みましょう。

1 意見を具体例とともにはっきりと示している

解答例 Nowadays, most firms have provided their executives with a bunch of equipments, not as gifts but as a way to get more from them : a mobile phone switched on makes you available all the time, an Internet access to be reactive and to answer fast to requests. In return it seems fair to allow in a certain extent employees to use those equipments for their personnal uses. A laptop computer for instance allow executives to work everywhere, wether on planes, in a hotel, or even at home and thus to be more efficient. If you work more, you should be allowed to compensate that by enjoying some leisure time as well, watching a DVD for instance. It'll eventually make you more productive in the end and'll be enable you to keep working without. Companies know that, this is the reason why they allow their staff to use those equipements not only for professionnal uses but for private ones as well. Besides, they can't spy on their personnel all the time, having someone checking the Internet access cookies or disabling DVD playback. This is a question of a trust. This issue amounts to a question of balance as well. If you don't spend your time chatting online, surfing the Web, watching DVDs in your office it seems reasonnable to use those equipements. Most companies today have policies concerning the use of laptop computers, Internet access and mobile phones. Those polices usually prevent employees from "unappropriate" uses of the firm facilities, ie activities forbiden by the law. The IT Department of large companies usually monitors the data flows and prevent employees from accessing some websites. There's a clear barrier between what stands out to be an appropriate use, limited, in exchange of efficient work and abuses by employee

講評 ややまとまりに欠ける解答です。しかし、「会社は社員に、仕事のときいつでも自由に備品を使わせるべきであり、適切と判断すれば仕事以外の時でもそうあるべきだ」という点が、具体例とともにはっきりと示されています。さらに、「これは信用の問題であり、結局はバランスの問題である」という点まで深く掘り下げて説明しています。

Writing Test

Question 8

193

2 First ...、Second ... と列挙すると読み手にわかりやすい

解答例 In some workplaces, employees feel free to use office supplies or computers for some purposes other than work. There would be some people who think this is inappropriate, especially those who are in the position of hiring those people, but I think banning personal use of office equipment is not the best idea. It's because it may cause overall drop in productivity and will leave people feel untrusted. First, such a ban would ultimately discourage workers from more vigoursly concentrating on their work. When you're working, you can't focus your mind 100% on the work all day long. Sometimes you need to take a break or refresh your mind by searching the web, using computers which belong to the company. If a company has a rule prohibiting this, workers would find It too strict, or sometimes even find it unfair or inhumane, thinking that the company is treating them not like humans but like working machines. As some use of office equitment is related to time usage of workers during their working hours, the policy should also consider how employees feel about that, not only about how much materials they lose. Second, having a strict rule on use of office equiptment may have emloyees feel that they are not trusted. Some people may use their office supplies, for example, to print some information about healthy diet using office priter and paper. What company lose, in that case, is just a couple of pieces of paper and tiny portion of printer toner. If the company raises its bar, however, emloyees are likely to feel that the company is seeing them as outsiders, or even potential theives, not as people who belong to the company and who are part of the organization. This may ultimately bring to lower loyalty to the company and less morale to work hard. It is totally understable that employers wouldn't be happy to see their workers using their resources for their perosnal purposes. Of course, some actions must be takne in case where this goes to extreme such as stealing offices supplies in bulk. However, I don't think haivng a rule on this would be beneficial. For employees, the workplace is not just the place where they work like a machine for a salary, but it's a place where they spend eight hourse everyday, working, thinking, communicating - having their lives! Having a strict rule on trivial use of materials in office would ultimately discourage workers from feeling attached to the company and work harder for it.

講 評 「よくないと考える人もいるが」と前置きしたあと、「会社の備品を個人的に使うことを禁止するのは賢明な考えではない」という自分の意見を述べています。備品の使用に厳しい制限が設けられた場合に社員が抱く「感情」という視点から議論を展開しています。" First ..."、" Second ..." という語を使い、読み手にわかりやすい構成に仕立てています。非常によく書いてあり、採点スケール5の解答の中でもレベルの高い解答です。

⚡ 構成があまりはっきりしていないが、文法・語句は適切

解答例 Computers and other company equipments are used constantly by all employees. These machines are indispensable for getting work done. People often use these for their personal needs too. It is clear that employees have to deal with some of their personal matters at all workplaces at some point during their worktimes. It is impossible to completely separate the time for doing work for the company and the time for personal affairs. For instance, if one has to register and choose courses for their next school semester, and it has tobe done in the morning, then one has no choice but to use the computer for their very important personal problems. One thing for sure is that the company should be obliged to let the employees use the machines for their private issues as many work with dedication for their workplaces. Using the computer for their own needs, does not mean that they use it all the time. Of course, employees should mind how much they use the machines personally. But as long as they do not dutifully fulfill their workloads, the employees should not be restricted from using the company equipment. Let's say that the company is doing a small favor in return of the employees' hard work by letting them use the equipment for personal needs. In short, employees using the computers and other company equipment for their personal needs is not a big deal to seriously worry about assuming that the workers control their usage appropriately. What matters most is can the employees use the computers and equipment with full responsibility of the equipment and their remaining workload of the day. Concerning this, the company's and employers' job is to give the employees thorough cautions when using the equipment for their own needs.

講評 採点スケール5の解答の中では構成がはっきりしていない例ですが、よく書けています。自分の意見は最初ではなく、しばらくあとの "One thing for sure is that ..." で述べられています。中ほどの "But as long as they do not dutifully fulfill ..." の文に誤りがあります。正しくは But as long as they dutifully fulfill their workloads, employees should not be restricted ... とすべきです。

Question 8

195

問題へのアプローチの仕方は多種多様

　5と採点される解答例からもわかるように、質問への答え方は多岐にわたります。反対の立場を取って多くの理由を挙げてもよいし、テーマについて深く掘り下げ、理由を丁寧に書いてもよいのです。また、経営者と社員の両方の視点からこの問題に取り組んでいる例もあります。いずれにせよ、5と採点された解答例には、手本となるさまざまな構文が使われています。全体的な構成はもちろん、1つひとつの文もうまく書けているのが採点スケール5を取る解答の特徴です。

問題例 A の対訳 ....

ディレクション：　下の質問を読みなさい。構成を考え、書き、見直すための解答時間は30分間です。一般的には、効果的な解答を作成するには少なくとも300語以上必要でしょう。

　　　　　　　　コンピューターやその他の会社の備品を個人的な目的で使う社員がいる職場もあります。雇用主は会社の機械や備品を社員にこのような形で使わせるべきでしょうか。なぜそうすべきだと思いますか、あるいは、なぜそうすべきではないと思いますか。理由や例を示して、自分の意見を裏付けなさい。

....

採点スケール *4* の解答例・講評

問題例Aで4と採点された3つの解答例と、それに対する講評を読みましょう。

1 全体のまとまりを欠く

解答例 At some workplaces, employees use computers and othe company equipment for their personal needs. In this kind of situations, a employer should consider what kind of personal needs are. For one example,if some employee play computer games, this has to be strictly prohibited because he doesn't want to stop playing the game he enjoys. This is why the employer should make a regular rules for employees' personal uses of company facilities. Another example, On-line chatting is good if it is for the company's project. But if it's not, the rule for the on-line uses should be applied. If employees are chatting for the trivial stuff or the rumors about celebrities, and the things like that, it makes their working efficiency lower because they cannot focus on their working project. The most important thing employees have to do is to work for the company not for their personal enjoyment during their working hours. Certainly, using computers is good since it makes working processes fast and efficient. Besides, computers offer lots of entertainment and convenience such as games, on-line shoppings. However, the working efficiency will be lowered because the employees are spending their time doing unrelevant things at their working desks! The best solution for the personal uses for the company's facilities, a rule, especially for the computer uses, should be arranged for employees. Of course, all the employees should follow the company's rule. Whether you are a employer or a employee, you should consider how to raise your company's productivity.

講評 この解答が5と採点されない理由は2つあります。1つは主語と動詞の不一致で、もう1つは不要なことを述べている点です。例えば、2文目に"In this kind of situations, a employer should consider what kind of personal needs are."とありますが、この解答者が言いたいことは「備品使用のルールを決めるのは雇用者だ」ということです。ところが2文目の記述は「社員は備品を乱用、また、時には有効利用してよい」という意図にもとれるため、主旨があいまいになっています。採点スケール5の解答例のように一貫した構成になっていません。

2 主語と動詞の不一致、語形に問題あり

解答例 Ms. Lee is copying the music pieces for her children by using the copy machine in the company. She does not feel guilty to do so. Even her co=workers are interested in her copies. A new comer in the company is waiting for her turn to copy the document to submit to the boss. She asks Ms. Lee not to use it, but Ms. Lee yells at her. Is it right thng? In my opinion, personal work and uses in work places should be prohibited for some reasons. First of all, it would bother other comapany business if the company equipment are used for personal needs. In case that you are need to copy 1000 documents as soon as possible to serve the conference. However, the copy machine is out of order. And your co=worker was copying hundreds of cooking recepies for her friends and relatives. It is obvious you cannot bring the documents and the conference musy be delayed. If personal work ruins the quipments, it will ruins the company work. Second, personal uses in work places could make workers not concentrate on their work. In work places, only company work should be processed and done. For example, Mr. Kim is always open the mini homepage on the screen and checking his homepage whether any visitors leave the messages. It is obvious that he cannot concentrate on his company work and could make mistake.Computers in work places are not ready for personal hobbies and joy. In conclusion, persnal work and uses should be strictly devided from the company work. Equipments in the work places are ready for business, not for time-killing. Workers should remember that ty have to work in the work places. It is the simple fact to keep in mind. Concentrating only on work is more efficent for their company and workers as well. Keep in mind : The compny is NOT your house.

講評 情景が目に浮かぶ解答です。社員が会社の備品を使う際の2つの問題点に焦点をあてています。1つは、人の仕事を妨げる点、もう1つは、気が散って仕事に集中できないという点です。例として架空のストーリーを作り上げていますが、非常に生き生きとした、適切な例となっています。唯一問題なのは、主語と動詞が一致しておらず、語形の誤りが目立つ点です。

₃ 語法の間違いと、思いつきで書いたのが失敗の原因

解答例 Employers should not allow employees to use company machines and equipment for their personal needs. During office time, of course it must not be allowed. It is a time for work. Employees should not spend their time for personal use. It is independent from whether they use company equipment or not. Even during break, it should not be allowd to use company equipment. In the break, employees don't need to spend their time for company. However, there is a rule. Company equipment is supposed to be used by company work. Employers purchased them to improve productivity. So, it is not allowed to use those equipment for persornal use. Someone may say that is should be OK to use computer for personal during lunch break, because it is harmless to company, and it spends only small electricity. But is this really harmless? Computer virus is one of the most popular threat to current office. Once single computer is attacked a virus, all other computers may have trouble from the computer. Connecting internet and using freeware have possibility to be attacked by such kinds of virus. Them, using the computer for pursonal use should be prohibited. And another reason of not allowing to use the company equipment for personal needs is that it is difficult to find it. Manager cannot distinguish if it is personal use or not. It means that employeees can enjoy their personal use anytime. It is a big problem for company. Employees have to work in the office.

講評　「社員は会社の備品を使うべきではない」という意見で始め、最後までそれを裏付ける例を積み重ねています。しかし、この解答が 5 と採点されない理由は明白です。1 つは語法の誤りで、12 〜 13 行目の "Connecting internet and using freeware have possibility to be attacked by such kinds of virus." はその一例です。もう 1 つは、書きながら思いつきで理由を付け加えていると思われる点です。14 行目に "Them（正しくは Then), using the computer for pursonal（正しくは personal) use should be prohibited." とあり、これが結論であるように書いていますが、すぐ次の文に "And another reason ..." と続けています。しかし、それらを除けば、力強い解答と言えます。

Writing Test

Question 8

まとめ

4 と採点された解答は、よい例だが最高の解答ではない

　どの解答も着想はとてもよいのですが、その考えを最後まで一貫して、正確に表現する力が不足しています。文法や語句に誤りがあるために、時として考え全体がぐらついてしまうこともあります。しかし、例や理由を提示して、概ねうまく書いているのが採点スケール 4 の解答と言えるでしょう。

　Question 8 では、ちょっとした文法や語句の誤りは採点に影響しませんが、論点についての詳細な説明がなかったり、英単語を自分で作りあげてしまっている場合は、どんなによい意見であれ、採点スケール 5 は与えられません。4 と採点される解答例は、書くのが「上手」であることは間違いありませんが、「非常に優れている」レベルには達していません。

採点スケール*3*の解答例・講評

問題例Aで3と採点された2つの解答例と、それに対する講評を読みましょう。

1 後半がわかりにくく、文法、語法の間違いも多い

解答例 Computers and printers and internet and fax access are so helpfull for private life too, any employee would be angry not being allowed using it ponctually during the day to solve an insurance issue for exemple. I think it is a part of the employee's job to shedule his day. If this person needs 10 minutes to go through a personnal issue with the help of the compagny equipment instead of an hour by himself, I think it is a positive point for teh employee as it is for the compagny. Its employee will feel better (good for him) and will be more efficient (good for the compagny). Now I could explain that ten minutes cost money to the employer and in the case of a multinational firm it would cost millions of dollars but in the other hand, an freeminded employee makes a better job and it also saves a lot of money. I don't want to deterinate any formula right now, hat is I won't be able to do any calculation and tell you wich choice is the best in fonction of the size of the compagny, the time a day employee use to use the compagny equipment for personal needs, the relaxation it offers to them etcetera...

講評 書き出しはよいのですが、会社にかかるコストと社員のメリットについて話し始める部分（7行目の" Now I could explain that ..."）から意味が不明瞭になっています。要点は結局「会社の備品を使うことは全員にとってよい」ということですが、その意見が最後にはあいまいになってしまいました。解答全体を通し、文法、語法の誤りも多いため、採点スケール3となります。

2 文法、語法に問題。文の始まりもはっきりしていない

解答例 Every person use their company equipment for their personal needs sometimes. Actually they're not allowed to use them for personal perpose. but when we work at the company, we need to do some personal things during work time. for example, if my family have some accident, so I have to send money right now. but there' no time to go to bank. In this circumstance i might use company's computer for using internet banking. or when we need to send mail or fax,we can find place that provide with this kind of machines. but it takes more time. because office is best place to use that kind of equipment. to save time for work, we need to allowed to use those in some way. but limitation is needed. We don't have to wast those things and can't use it for fun. only for urgent situation. if someone use messenger for chatting,or play game during work time, he had to be justified. I think it's up to people's moral.

講評　非常に正直で、興味深い内容です。概要は「誰もが時々会社の備品を使っているし、それは時間の節約になる」ということです。しかし、語句の使い方、主語と動詞の一致、名詞や代名詞の単数形と複数形の使い分けに誤りが多く見られます。また、文の最初を大文字で始めていない箇所もあります。これでは読み手は、どこから新しい文が始まるのかわかりません。大文字で書き始め、最後にピリオドを打つことで文という単位をはっきりさせれば、読みやすい文章を書くことができます。これは英語を書く上での基本です。しっかりマスターしてください。

まとめ

語彙を増やし、文の構造をしっかりマスターする
　書こうとしている内容はよいのですが、それを明確に伝える力がないのがこのレベルの特徴です。語句の使い方や文の構成を上達させるには、適格な人に指導を受けるのがよいでしょう。

採点スケール*2*の解答例・講評

問題例 A で 2 と採点された 1 つの解答例と、それに対する講評を読みましょう。

1 考えを表現するだけの語彙、文法力が備わっていない

解答例 I think it needs to allow employees if it is within any rules. Because there are many cases, though he use the company equipment, but it is helpful his work rythem. For examples, he is very busy for his work, and then bank ask for his certificarion copy to fax to them. It is personal but if the his company not allow to use company equipment for personal needs, in the case, he cann't fax to the bank or ho should go out to fax and he cann't work in that time. I think it needs but before do that, there are rules which company allow to any case. And as the cases is various, if the rules are specific, it would e better. And employees have to change their think. Some people think as if the company equipment is theirsselves but it is obisly company's. Be the worker who use the company equipemnt wisely!!!

講評 　考えは洗練されていますが、それを表現するだけの英語力がありません。ここで言いたいことは「社員が仕事中に備品を使わなければならない理由は多くあり、そうすることは効率的でもある。だから、あらゆる状況を考慮してルールを作るべきだ」ということ。8 行目の "employees have to change their think" は、正しくは thinking であるなど、使う単語の選択や形を誤ったり、単語を自分で作りあげたりもしていますし（下から 2 行目の "theirsselves"）、文の構造にも問題があります。せっかくよい考えを持っているのですから、それを表現する文法力をしっかり身につけるべきでしょう。

まとめ

英字新聞の社説で理由や例を示す方法を学ぶ
　2 と採点された解答は、柱となる意見はだいたいはっきりとしていますが、それを裏付ける理由や例を表現する力がありません。語彙、文法、構文に力を入れて学習する必要があります。また、英字新聞や英文雑誌などを読むことに挑戦してみましょう。社説や論説は、意見を述べ、その根拠となる理由や例を提示するというスタイルをとるものが多いので、書き方を学ぶうえで大いに参考になるでしょう。

採点スケール *1* の解答例・講評

問題例Aで1と採点された1つの解答例と、それに対する講評を読みましょう。

1 論点が外れた解答

解答例 I think employers should allow employees to use company machines. And employees should hae own computer from thier companies. The first reason is employees want to work in good condition and employers want to increase the benefit of their company. so good working condition make the benefit to increase. And the second reason is the person has an indivisual for each person. so the sense of comfortable of using the machine is different from the person.

講評 　会社は社員一人ひとりにコンピューターを与えるべきだという主張のようですが、これは課題に合った解答ではありません。ここで論じるべき点は、会社の備品の個人的な使用が認められるべきか否かであり、仕事をするのにコンピューターを与えるべきか否かではありません。もう少しわかりやすく書く力があれば、自分の主張と課題のテーマとがどう関連しているのかを述べることができたでしょう。

まとめ

ライティングの上達には時間がかかる
　仕事で英語を使う人にとって、英語を書くことは避けて通れません。もし英語のライティング力を伸ばそうと思うのなら、個人で学習するのではなく、先生について学習したほうが効果的です。自分が書いたものを添削してもらい、間違えた箇所は正しい表現を教えてもらうなどして、さまざまな表現を身に付けていきましょう。英語を書くことは、英語のネイティブスピーカーにとっても決して簡単なことではありません。簡単に習得できることではありませんが、継続して練習を続ければ、確実に力がついてくるでしょう。

Writing Test

Question 8

Writing Test Question 8 で出題される問題例を見てみましょう。

Directions: Read the question below. You have 30 minutes to plan, write, and revise your essay. Typically, an effective response will contain a minimum of 300 words.

Many companies have always required employees to dress professionally (for instance, in a business suit). Some of these companies now allow their employees to come to work once a week in more casual clothing. Is this a good idea? Why or why not? Give reasons or examples to support your opinion.

対訳は 209 ページにあります。

採点スケール *5* の解答例・講評

■
問題例 B で 5 と採点された 4 つの解答例と、それに対する講評を読みましょう。

1 優れた文章構成力

解答例 I think it is a good idea to dress more casually on regular basis, both from the employer's point view and the employee's point of view. Let me first discuss the benefits which are primarily for the employer. People are likely to feel more relaxed in casual clothing than in professional clothing. People are usually nicer to each other when they are relaxed, that is, less stressed out. Being nice to each other is very likely to promote better team work, which must be to the benefit of the company they work for. At the same time, it is well-known that too much stress slows people down. It is also well-known that efficiency is one of the crucial factors in succeeding in business. Therefore, letting their employees dress more casually is a good idea for the employers — they are doing themselves a favor. And, frankly, in today's high-stress society, anything that reduces any amount of stress is a good thing. It may actually lead to healthier employees and reduce the healthcare cost of the company in the long run.

There are obvious benefits to the employees in the points discussed above, not just the employers. The employees also have the added benefits of potentially reducing the amount of money they spend on clothing. This not only includes the price of garments they buy, but also the cost of the care of the garments. More often than not, dressier clothes, such as business suits, require dry cleaning. This is a non-trivial addition to the cost of clothing. Even when the garment does not require dry cleaning, they often require ironing, which adds to the time spent on clothing. Time is one of the most precious commodities anyone has, and the employees have to spend additional amount of it to dress professionally. Casual clothing, on the other hand, usually requires sensible laundering and storing and less ironing, thus reducing the cost (in money and time) spent on clothing, which most people would consider as a great benefit.

The benefits discussed above are mostly financial. I would like to point out one more benefit, which is somewhat more philosophical. In every culture, there is a tendency of equating the way one dresses and who he or she is or does. Thus, we are constantly being judged by the way we dress, especially in a public setting like work place. Also, because of this tendency, some people feel more "professional" just by virtue of dressing more professionally. However, exactly because of this tendency, it is a good idea to have regular opportunities to dress casually at work: it reminds us that what we wear and who we are have really nothing fundamentally to do with each other.

講評 流れるような文章です。構成が非常によく、終始論理的です。1 文目で自分の意見を述べた後、雇い主と社員の両方の視点からその理由を説明しています。最後の段落がなくてもかなりの文章量があり、採点スケール 5 のレベルを十分満たしています。これほど上手に書かなくても 5 は取れますが、優れた文章の書き方を知る上で参考にすべき解答です。

2 First、Second、Third を使用し、段落の関係がわかりやすい

解答例　I think it is a good idea for a company to allow its employees to come to work once a week in casual clothing. I agree that there are some benefits of imposing a formal dress code on the employees. For instance, I can accept the formal dress code, if my job position requires that I have to deal with my customers in business transactions on a daily basis. However, I do not believe that it should be the case always for everyone. In certain situations, the company can be better off by encouraging its employees to dress in a more casual way.

First, under certain circumstances, working in casual clothing can enhance your work productivity. By wearing a business suit at work, we are actually forcing ourselves unconsciously to behave strictly in accordance with the rules and regulations of the company. However, you also should know that, if you wear a suit, your bodily movements are usually somewhat constrained, which makes you feel uncomfortable and thereby easily tired and fatigued. This can sometimes prevent you from concentrating on your office work for long (e.g., working at your computer). So if you have a lot of work to do, you would rather wear comfortable clothes than a suit.

Second, wearing casual clothes from time to time can help you develop a better rapport with your co-workers and supervisees. By wearing a suit at work all the time, you are basically communicating to your colleagues unintentionally that you are very task- and work-oriented and so you are not really unavailable for personal counseling and mentoring. In a sense, you are creating an invisible communication barrier between you and your colleagues. Wearing casuals can make you look more approachable and thus help you develop a stronger bond with your colleagues not only as a colleague but also as a true friend.

Third, some occasions at work actually require that the employees dress more casually. For instance, employees should be allowed to dress more casually at some social activities at the company, such as a baby/wedding shower for a colleague, a group picnic on Friday afternoon, and farewell gatherings for a colleague. These activities are important in showing that we show we care about our colleagues.

In sum, I believe allowing more casual clothing once a week can improve work productivity and employee morale significantly at the company.

講評　わかりやすい説明で、うまく構成されています。話の筋も通り、使っている語句、構文ともに適切です。1文目で自分の意見をはっきりと示し、その理由を"First ..."、"Second ..."、"Third ..." と列挙し、最後の"In sum ..." で始まる文で結論を述べるという、読み手にわかりやすい書き方です。解答例1と同様、採点スケール5のレベルを十分満たしていて、手本としたい解答です。

３ 文法の間違いはあるものの、うまく書けている

解答例 "Business Formal" has been the only dress code in work place for a long time. Since 1990's, some company allows employees to dress casually on Fridays, during summer, or even year around. This has definitely challenged the tradition that every one has to dress professionally to work.

There are reasons why employees have to dress formally in the working environment. It helps to create a serious working atmosphere. Research shows people pay more attentions to the ones who dress formally. In a formal dressing working place, employees tend to be more focus on the job, spend less time on chatting, and have good productivities. The business suits seem to remind people that they are working rather than relaxing. It builds up respects between employees. Employees will spend less time to judge their coworker by the clothes they wear or what color they choose. It also creates good company imagine in front of the clients and vendors. Senior managers and sales people always dress up when meeting with the media or the clients. Making a good first impression usually starts from dressing formally. This may explain why most companies insist formal dress code in most of the time, especially for employees from marketing and sales departments.

The arguments from the other side are valid, as well. When technology and computer industries bloom with fast speed, casual dressing becomes to be a fashion. These companies believe people will be more creative when they dress casually. Creativity is the key to succeed in the high-tech industries. Lots of new ideas, new products, and new technologies are essential to the survival of these companies. They believe allow employees to dress casually will create a relaxing working environment. It will not only stimulate employees' creativities, but also help the communications between colleagues. As the result, it will improve the overall productivities of the companies.

When the fashion challenges the tradition, most companies choose to balance between them. Many companies choose Friday to be the day of "dressing down" day of the week. It seems to be the best way of having the advantages of both scenarios so far. It also helps to increase employee satisfaction level. Generally speaking, it's a good idea to allow employees dress casually once a week.

講評 　職場でカジュアルな服装をすることについて、ビジネスフォーマルとカジュアルの両方のよい点を挙げたあと、結論で、両方の長所を要約しています。文法的な誤りはありますが、意味を把握できなくなるような誤りではありません。第２段落２〜５行目の "Research shows ... and have good productivities." の部分には、文法的な誤りが数箇所あります。正しくは、Research shows people pay more attention to other people who dress formally. In a work place where employees dress formally, employees tend to be more focused on the job, spend less time chatting, and have good productivity. となります。しかし、これは許容される範囲の些細な誤りです。

4 典型的な採点スケール5の解答

解答例 Recently more and more companies allowed their employees to wear much casual clothing once a week. I think it may be good for some companies, but may not be good for other companies, because all of them do not deal with the same customers of same expectations for the companies. If a company is categrized in the advertising, music or other broadcasting field, the employees need more flexible clothing to work. Sometimes they should work late, go outside and thus they prefer to wear more informal clothes. Some management in the advertising industry think that they should deveop the creative ideas of employees and provide more creative environment for staffs including more casul clothing. On the other hand, financial, banking, accounting and law fields require employees to woar formal suits. They would like to give their customers much more confidence and to be looked professional, wearing business suits. Therefore, some companies have the formal dress code for entire employees and order to follow it. If an employee is promoted to the management level at a bank or accounting/law firm, he or she should wear black or dark blue business suit with long sleeves, even in hot summer. In this regard, I do not think that only wearing casual (or formal)style cloth is good for companies as well as employees. Each of them can face the different business situation and require different dress codes. The main point for the company is not what an employee is wearing, but what he/she is working for.

講評　採点スケール5のほかの解答例に比べると構成が単純で、出来は劣ります。小さな誤りとは言え、文法的な間違いが随所に見られますが、先に紹介したいくつかの解答例よりも、この解答例のほうが典型的な採点スケール5の解答だと言えます。課題をきちんと達成しているうえ、話の筋も通っており、よい構成になっています。使っている語句は適切で、構文力もあります。

高い評価を得るためには論理的な構成がポイント

　　Question 8 で高い評価を得るには、書き始める前に考えをまとめる時間をとることが大切です。ポイントは、「何を述べるか」と「どうやって話を進めていくか」。Question 8 では、文章構成が採点の中で大きな比重を占めますから、考えをまとめるというステップは非常に重要です。書きたいポイントを頭の中に並べ、論理性を失わないように順序よく組み立てていきましょう。いくら長い文章を書いても、構成に問題があれば高い採点スケールは得られません。

問題例 B の対訳

ディレクション： 下の質問を読みなさい。構成を考え、書き、見直すための解答時間は 30 分間です。一般的には、効果的な解答を作成するには少なくとも 300 語以上必要でしょう。

多くの会社では社員に常にビジネスパーソンらしい服装をする（例えば、スーツを着るなど）ことを求めています。一方で現在、週 1 回はカジュアルな服装で職場に来ることを認めている会社もあります。これはよいことでしょうか。なぜよいと思いますか、あるいは、なぜよくないと思いますか。理由や例を示して、自分の意見を裏付けなさい。

採点スケール *4* の解答例・講評

問題例Bで4と採点された3つの解答例と、それに対する講評を読みましょう。

1 構成が5と採点される解答には及ばない

解答例 In modern society, the clothing means someone's prestige and his/her social class. Therefore, many companies push their employees to wear up a business suit. It is so understandable decision for businees man because they have to make a deal with the others. However, some companies allow their employees to wear more casual clothing in these days. This trend will make business man to lose their identity and passion of their works. Thus this is not a good idea. Firstly, Think about it. If businees people wear the casual clothing in a week, what is different? There is nothing different. Every social class have their own uniform to be distinguished. A business suit means a lot of business things. It is not some word about clothing. For example, When businees has done his work, he can change his wear to anything he wants. However, whenever he works, he should wear his business suit. To dress up business suit is also to protect and reveal his businees man's identity to every all of people. Secondly, Let me ask something to you. Can you work hard with training shorts in your campany? The answer is robably No. Oh. I know that more casual clothing isnot a training something, but what is different? Technically, there is no difference between these things. If you do not wear business suit in your workplace, it means your wear inappropriate clothing for working like wearing a training shorts. The problem is that to dress something wrong for working makes people's passion of their working low. It happens really rapidly. Therefore, we definitly need to keep businees suit rule for companyto protect employee's passion. To allow more freedom is good thing, but in business field, we really need to dress up business suit for many things. It is like a freedom. More freedom is not always better. Therefore we should keep this pace of wearing businees suit everyday to protect identity and to raise their passion.

講評 概ねよく書けていますが、この解答の採点スケールが5でなく4なのは、同じ内容が繰り返されたり、話が脱線したり、つながりがあいまいな箇所がいくつかあるからです。もう少し短くても問題はないので、その分、解答の構成を練る時間を取ったほうがよいでしょう。

2 両方の立場について言及し、主張が不明確

解答例 According to the yesterday newspaper, it has been recently increased that people who work in offices wear more casual clothes than business suits even in a big company. Why is it increasing? Well, in my guess, there are some reasons. First of all, many companies of today are asking practical things more and more. When we are in business suits during working hours, it doesn't give any help to do the job better because it is not comfortable at all compared to casual clothes. So, finally the executives come to the conclusion that it is better to wear comfortable clothes to increase efficient. Secondly, except a formal occasion, we do not need to be like that. It is actually waste of time, in my opinion. For instance, it takes about one hour or half minutes at least to do make-up and dress formally for women. If they do not need to wear like that, they could save about one hour to do what they want such as reading books for developing themselves or taking a rest before doing next work. All in all, they might get more efficient ideas to do the work when they are in comfortable clothes. Even in an office, they could feel like staying at home although this a bit overimagined. Who knows if they do not want to go back home if the office is just like their home? Perhaps, every executive may like the idea the most. There are so many merits which are not written above. However, even though to wear casual clothes instead of business suits truly help to get more benefits for a company, some people might say it is not good at all because adversely, it can make people be focused on what they will put on tomorrow or how much other people spend on their outwears. It ccould cause that people feel the difference at each levels. In other words, it could result in side effects. Nevertheless, I would definitely like to say it is a really good thing because there are still far more advantages than disadvantages and we also could make even the side effects change merits if we have enough time to think about them carefully.

講評 かなり長い解答ですが、概ねよい構成で、よく練り上げられています。しかし、カジュアルな服装に賛成と反対の両方の立場で論を展開させていることで、主張があいまいになった部分があります。どちらか一方の立場に決め、それだけについて理由と例を挙げて話を展開させていれば、採点スケール 5 となったかもしれません。

𝟛 語法の誤りが多く見られる

解答例 Wearing a casual clothing once a week is a good idea. Of course, employees need to wear business suit when they attend a business meeting or formal event. But in order to expand people's creativity and to make a more comfortable environment. Wearing a clothing suit helps to make people have more creativity. When people wear a casual cloing, they feel more relaxed and cheerful. That is why employes in the computer, on-line game, software, enterinment industry usually wear a casual clothing because they need a lot of creativity in their work. To make a more a more comfortable environment, casual clothing is needed. When people wear a busines suit and tie, they feel more tension and become uptight. By wearing a casual suit once a week, people can be relaxed a little bit and they can work in a more comfortable enviroment. This can help improve productivity at the work place. In order to improve people's creativity and make a comfortable wotking environment, wearing a causal suit is good idea.

講評 非常によくまとまった解答です。主旨は明確で、その裏付けもあります。英語を書くこと自体は問題なく取り組めるようですが、問題は語法の誤りが全体を通して見られることです。もう少し練習を積めば、採点スケール 5 に手が届くでしょう。

まとめ

質問をじっくり読むこと

　解答例 2 は両方の立場から書いていますが、設問は、片方の立場に立った意見を求めています。まずは最初に質問の英文の意味をしっかりと理解しましょう。ここで読み間違えて、求められている解答と関係のない話や主旨から外れた内容を書くことがないようにしましょう。

採点スケール *3* の解答例・講評

■ ┈┈
問題例Bで3と採点された2つの解答例と、それに対する講評を読みましょう。

1 長文だが、構成力・表現力に欠ける

解答例 I think that is good idea. Because each employees has each emotion. And nowadays many companies have five day cycling system. If you have same business suit everyday. You have same feeling, same thinking everyday. You konw humanbeing is very various. Another reason is companies work ability. Depends on research on companies output level by dress or business suit. Result is very incredable. Casual clothing can make innovated output. Look upper line. Nowadays many people has spare time. So many people has vrious habit. Ski, Swimming, Cycling, Football, Fishing, Cook, and so on. Employees want casual clothing. That point is first of all. They need freedom of wearing the colorful dress. As lady, gentelman need disiener's suit or cloth. They want to enjoy spare time. Sometimes they look around another girl or guy. For example. In England many people work from Monday to Friday. And On Friday evening time almost people has a party or drink a beer in pub. They need refresh time. That is import thing. So almost employees want to get refresh time, refresh thinking, refresh colthing. Refresh feeling is very important on make a output or make a goods. Another example. In Korea. many employees have same design cloth. but some company, and some school try wearing another cloth or wearing casual clothing. This try make very good efects. Many student and employees have more laugh, more feeling. So compaies now allow their employees to come to work once a week in more casual clothing is very good idea!

講評 　採点スケール3の解答の中ではかなり長い解答ですが、構成があまりよくありません。話があちこちに飛ぶため、読み手はついていくのに苦労します。また、慣用的でない文も見られます。14～15行目の "Refresh feeling is ..." の文は、A feeling of refreshment is very important for increasing employees' output of goods. とするほうが適切です。言いたいことはいろいろとあるようですが、それを表現する力が足りません。

2 主旨は一貫しているが、論理性がない

解答例 I think the idea letting the emplyees to wear casual clothing once a week is quite a good. In my case, I have more idea when I'm wearing comfortable and free cloth than wearing a business suit. Some people would be agreed and other would not. The important thing is someone's mind. Whatever you wear, it dosen't matter if you can think and decide better. But if casual clothing will support you to make better decision, it worths to be adopted. Nowadays many companies have adopted casual clothing on Friday. I think this social situation has agreeable reason. If not, many companies didn't follow that.

講評 解答例1に比べて短い解答ですが、同じような問題点があるため、同じ評価です。賛成か反対かの立場を示し、その立場を一貫させてはいますが、全体的に論理的な構成になっていません。おそらく「もし週1回カジュアルな服装を着て、よい案がひらめいたり、よい結論が出たりするならば、それを実行する価値はある」と言いたかったのでしょう。この点を明確にして論を展開できれば、もっと上の評価になったかもしれません。

まとめ

理由や例を列挙する

　採点スケール3の解答では、明確に話を展開できないケースがよく見られます。実際に英文を書き始める前に、何を書きたいかを考えるようにしましょう。

　自分の意見を裏付ける理由や例をリストにして解答に含める方法もあります。たとえばこの課題なら、冒頭で I believe that wearing casual clothing once a week is a good policy for several reasons. と書き、そのあとに、自分で考えた理由を列挙することもできます。

採点スケール *2* の解答例・講評

問題例Bで2と採点された2つの解答例と、それに対する講評を読みましょう。

1 文法、語彙はよいが、話に発展性がない

解答例 I think many companies have to require employees to dress professionally. Images of the company depend on employees, so they have to wear clean and tidy clothing. If it turns out, company's earnings will increase more and more. I strongly and repeatedly want to suggest it.

講評 正しい文法、適切な語句、正確なつづりで書かれていますが、全体的に詳細な説明や例が乏しく、話の広がりに欠けるため、採点スケール2となります。裏付けとなる部分を充実させれば、もっと高い評価になったはずです。

2 思いつくまま書いている、構成力に欠ける解答

解答例 Companies are formal organizations.If Employees weare casual clothing, They can not concentrate their works. So They need to dress prossionally. But, If they dress Professionally for 5days a week,Perhaps their stresses are so serious and their actings are unnatural.In these contions,They are getting more nervos and their abilities are decreesed. In our contry, many companies allow their employees to come to work in casuall clothing for enhancing their work efficence. That's why I agree that some conpanies allowing their mployees to come to work once week in more casual clothing.

講評 構成にも書き方にも問題があります。最初に構成を練らず、思いつくまま書いているのでしょう。採点スケール2の解答にはよくある例です。自分の意見が最後の1文に書かれていますが、これは最初に持ってきたほうがよいでしょう。

まとめ

意見を述べ、その理由を書くことが基本

意見を述べる文章で求められるのは、意見とその理由などの裏付けを書くことです。ディレクションにも採点基準にも、文章に「導入」や「結論」が必要だとは書いてありません。テーマについての考えを述べ、その理由や例を挙げることが求められています。

採点スケール *1* の解答例・講評

問題例Bで1と採点された1つの解答例と、それに対する講評を読みましょう。

1 話の脈絡がない解答

解答例 I think it's good idea to have a casual clothing once a week. Changing something anybody has needs to be changed in any part. It brings us fresh thought. Creative thinking is from diverse situation and breaking the rule. Previous rule on the company is not always good. The pattern of the age is changed all the time. Like this, We have to prepare all of the part in wheather company or man to survive. So Creative thinking is essential to the company. Without this, it's hard to live any longer. This power is usually from trivial things we can see anywhere. And change of this part is start to go to the innovative company more than before state. Have you ever been heard? "Butterfly Effect" This phenomenom is that flying of the buttly has a effect on the other part of the earth. What's the point? You are right. "direction" Come to the conclusion, "change", "direction" is crucial in the company or man. We know both two words but usually ignore it. The reason is why the dicipline is not easy.

講評 採点スケール1の解答にしてはかなり長い解答です。文章の書き出しはよく、大半は文法的にも正しいのですが、うまく構成されていません。脈絡がなく、話が次から次へと続き、結果として何が言いたいのかわかりません。

> ### まとめ
>
> **「考える」「書く」「見直す」ためのうまい時間配分をつかむ**
>
> この問題の制限時間は30分です。その間に考え、書き、見直すというすべての作業を行わなければなりません。これまでの「まとめ」で述べた通り、書く前に考えを整理することは大切です。しかし、「考える」「書く」「見直す」という作業の時間配分は人によって違います。ですから、30分間で、どの過程に一番時間をかけたらよいかを、テストを受ける前に確認しておくとよいでしょう。

第3章
練習テスト

■ Speaking Test

＊第3章「練習テスト」に掲載されている Speaking Test の問題音声には、実際のテストと同じ準備時間と解答時間のポーズが含まれています。途中で音声を止めずに、実際のテストを受験しているつもりで、所定時間内に準備し、解答してみましょう。

＊各音声ファイルの最後の解答時間終了時には「ポーン」という合図音が入っていますが、実際のテストではこの終了合図音は入りません。解答時間が終了したら、画面に「Stop Talking」の表示が出て、次の問題に移ります。

＊模範解答例の音声は、開発時に実施したリサーチで録音された音声をそのまま使用しておりますので、雑音が混じる箇所や、音量が一定でない部分が含まれています。ご了承ください。

■ Writing Test

Speaking Test Directions

This is the TOEIC Speaking Test. This test includes eleven questions that measure different aspects of your speaking ability. The test lasts approximately 20 minutes.

Question	Task	Evaluation Criteria
1-2	Read a text aloud	• pronunciation • intonation and stress
3-4	Describe a picture	all of the above, plus • grammar • vocabulary • cohesion
5-7	Respond to questions	all of the above, plus • relevance of content • completeness of content
8-10	Respond to questions using information provided	all of the above
11	Express an opinion	all of the above

For each type of question, you will be given specific directions, including the time allowed for preparation and speaking.

It is to your advantage to say as much as you can in the time allowed. It is also important that you speak clearly and that you answer each question according to the directions.

Speaking Test
練習テスト 1

Questions 1-2 : Read a text aloud

Directions: In this part of the test, you will read aloud the text on the screen. You will have 45 seconds to prepare. Then you will have 45 seconds to read the text aloud.

Question 1

In the morning, we will visit the famous Monument Tower and the Modern Art Museum. This part of the tour will end in Restaurant Row, where you will find a wide variety of French, Italian, Japanese, and Chinese restaurants. After lunch, we will visit the antique markets in the historic city of Ironhill.

Question 2

Why throw away old computers you don't need anymore when you can recycle them? Here at Halstead Electronics, we'll repair your old computers, keyboards, printers, and other used equipment. Then, we'll offer them to schools and community organizations that can put them to good use. Just bring them to our service desk, and we'll take it from there.

Questions 3-4 : Describe a picture

Directions: In this part of the test, you will describe the picture on your screen in as much detail as you can. You will have 45 seconds to prepare your response. Then you will have 30 seconds to speak about the picture.

Question 3

カラー写真は vii ページにあります。

Question 4

カラー写真は vii ページにあります。

Questions 5-7 : Respond to questions

Directions: In this part of the test, you will answer three questions. You will have 3 seconds to prepare after you hear each question. You will have 15 seconds to respond to Questions 5 and 6 and 30 seconds to respond to Question 7.

Imagine that a British marketing firm is doing research in your country. You have agreed to participate in a telephone interview about clothing.

Question 5 What do you usually wear at school or work?

Question 6 In what situations do you dress casually?

Question 7 Do you think companies should allow employees to dress casually at work? Why or why not?

Questions 8-10 :

Respond to questions using information provided

Directions: In this part of the test, you will answer three questions based on the information provided. You will have 45 seconds to read the information before the questions begin. You will have 3 seconds to prepare and 15 seconds to respond to Questions 8 and 9. You will hear Question 10 two times. You will have 3 seconds to prepare and 30 seconds to respond to Question 10.

Staff Meeting Agenda
September 5

8:00-8:30 A.M.	Coffee and muffins available
8:30-9:00 A.M.	Monthly Sales Report, Karen Andrews and David Smith
9:00-10:00 A.M.	Department Updates
	- Research & Development, Sarah Hartley
	- Technology, Mary Lambert
	- Public Relations, John Colbert
10:00-11:00 A.M.	Market Research Presentation: North America Report
11:00-11:30 A.M.	Customer Satisfaction Survey Results—Canada
11:30-12:00 P.M.	Other Business
Noon	Lunch

Question 11 : Express an opinion

 ....

Directions: In this part of the test, you will give your opinion about a specific topic. Be sure to say as much as you can in the time allowed. You will have 45 seconds to prepare. Then you will have 60 seconds to speak.

Some people prefer to learn through books. Others prefer to learn through experience. Which way do you prefer to learn and why? Use specific reasons and examples to support your opinion.

Speaking Test
練習テスト 2

Questions 1-2 : Read a text aloud

Directions: In this part of the test, you will read aloud the text on the screen. You will have 45 seconds to prepare. Then you will have 45 seconds to read the text aloud.

Question 1

On Watertown Radio, we talk about what you want to hear about. Whether it's movies, sports, or local news, you'll find it right here. In addition, we update listeners every hour on the weather and traffic conditions in our area. Now stay tuned for the local news, where we'll tell you all about today's important events.

Question 2

Attention, passengers for World Air flight four-one-three to London. We will start general boarding for this flight in fifteen minutes. However, we'd like to begin with preboarding now. Preboarding is for passengers with small children, those needing assistance, or members of our World Air Frequent Flyers Club. When we are ready to begin general boarding, we will make another announcement.

Questions 3-4 : Describe a picture

Directions: In this part of the test, you will describe the picture on your screen in as much detail as you can. You will have 45 seconds to prepare your response. Then you will have 30 seconds to speak about the picture.

Question 3

カラー写真は viii ページにあります。

Question 4

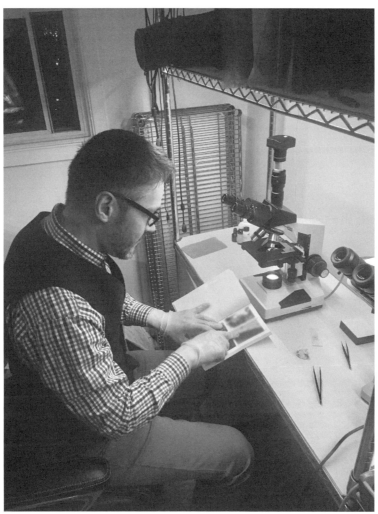

カラー写真は viii ページにあります。

Questions 5-7 : Respond to questions

Directions: In this part of the test, you will answer three questions. You will have 3 seconds to prepare after you hear each question. You will have 15 seconds to respond to Questions 5 and 6 and 30 seconds to respond to Question 7.

Imagine that a British marketing firm is doing research in your country. You have agreed to participate in a telephone interview about listening to the radio.

Question 5 What kinds of information do you get from the radio?

Question 6 When and where do you usually listen to the radio?

Question 7 What are the advantages of getting information from the radio?

Questions 8-10 :
Respond to questions using information provided

Directions: In this part of the test, you will answer three questions based on the information provided. You will have 45 seconds to read the information before the questions begin. You will have 3 seconds to prepare and 15 seconds to respond to Questions 8 and 9. You will hear Question 10 two times. You will have 3 seconds to prepare and 30 seconds to respond to Question 10.

The Job Center Presents: Job Fair

When:	September 21, 9:00 A.M. — 5:00 P.M.
Where:	**Harrington Convention Center**
Opening address:	9:00 — 9:45, Carla Hernandez, President, The Job Center
Discussions (Area A):	10:00 — 11:00 What employers are looking for
	1:00 — 2:00 Top ten jobs
	2:00 — 3:00 Salary negotiating
Workshops (Area C):	10:00 — 12:00 The perfect résumé
	2:00 — 4:00 Interview skill building
Booths (Main Hall):	10:30 — 5:00 Representatives from 20 local companies

Question 11 : Express an opinion

Directions: In this part of the test, you will give your opinion about a specific topic. Be sure to say as much as you can in the time allowed. You will have 45 seconds to prepare. Then you will have 60 seconds to speak.

Is it better to enjoy your money when you earn it, or is it better to save your money for some time in the future? Use specific reasons and examples to support your opinion.

Speaking Test
練習テスト
<模範解答例 / 解説>

ETS が作成した模範解答例を掲載しています。より上のレベルを目指すうえでの参考にしてください。

● 練習テスト 1 ●

Question 1 (p. 219)

対 訳

午前中は、有名な Monument Tower と現代美術館を訪れます。午前中のツアーは Restaurant Row で終了です。Restaurant Row には、フレンチ、イタリアン、日本食、中華というさまざまな種類のレストランが揃っています。昼食後は、Ironhill の歴史地区にある骨董品のマーケットを訪れる予定です。

80 **解答例 1** **解 説** 1 語 1 語落ち着いて読んでいます。

解答例 2 **解 説** カンマで区切って語句が並んでいる場合の読み方に注意しましょう。3 行目に、**French, Italian, Japanese, and Chinese restaurants** とありますが、カンマの部分で 1 ポーズ置いて読んでいます。

Question 2 (p. 219)

対 訳

リサイクルして使えるのに、もう必要でなくなった古いコンピューターをなぜ捨ててしまうのですか。Halstead Electronics 社では、古いコンピューターや、キーボード、プリンターなどその他の中古機器を修理して、有効に活用してくれる学校や地域団体にお譲りします。当社のサービス係までお持ちいただくだけで結構です。あとは私たちにお任せください。

81 **解答例 1** **解 説** 英語らしいリズムをつかむ手本として、この解答といっしょに読むとよいでしょう。

解答例 2 **解 説** 全体に早口に聞こえますが、動詞や名詞を中心とする重要な語句は強く読んでいます。

Speaking Test のディレクションの対訳は、第 1 章の各問題を参照してください。

231

Question 3 (p. 220)

解答例1 **解 説** "This looks like a photograph of a very busy city." から説明を始めています。たくさんのタクシー、人々、後方のビルの様子について述べた後、写真の中央にある横断歩道について触れています。

解答例2 **解 説** 最初に、この場面についてニューヨークを舞台とした映画のワンシーンのようだと言っています。その後、タクシーや人々の様子を説明しています。

Question 4 (p. 221)

解答例1 **解 説** 話し手は "I see a woman sitting down at a café ... there is a plate of food in front of her" と述べ、a café という写真の設定を明らかにし、さらに写真の概要を描写しています。発言の内容には一貫性があり、文の構造も適切で、効果的に表現するだけの語彙もあります。思考の間はわずかにありますが、聞き手の理解を阻害するほどではありません。

解答例2 **解 説** 理解しやすい解答です。"guest" と "server" など、人物を正しい語彙で表し、適切な文法構造で写真を描写しています。話し方はおおむねわかりやすく、"um," "uh" といった言いよどみなどの間の埋め方や、"is ordering ... probably already ordered" といった言い直しの仕方も妥当です。

Questions 5-7 　(p. 222)

対　訳

イギリスのマーケティング会社があなたの国で調査を行っていると想像してください。あなたは、洋服についての電話インタビューに応じることになりました。

質問 5　学校、または職場ではふだん何を着ていますか。

質問 6　カジュアルな服装をするのはどんな時ですか。

質問 7　会社は、社員がカジュアルな服装で仕事をすることを認めるべきでしょうか。なぜそう思いますか。または、なぜそう思いませんか。

Question 5

 解答例 1　**解 説**　"I usually wear a business casual clothes to work." と言い、その後で服装をより詳しく説明しています。

解答例 2　**解 説**　質問文の表現を使い、"What I usually wear at work is ..." で答えの文を始めています。職場にふさわしいようなズボンと濃い色の長袖シャツを着ると説明しています。

Question 6

 解答例 1　**解 説**　オフィスでの金曜日に社員がカジュアルな服装をし、自分もジーンズをはくと言っています。また、週末や仕事の後もカジュアルな服装をすると述べています。

解答例 2　**解 説**　"Well, ..." から文を始め、実際に電話でのインタビューに答えているような調子です。カジュアルな服装をする日と、その場合の格好について説明しています。

Question 7

 解答例 1　**解 説**　"I guess it really depends on the kind of company it is." という文で始め、最初に自分の会社の場合は客と会う機会が多いので、ビジネススーツを着るほうがよいと述べています。後半は、外部の人とあまり接触がない場合はその必要がないという意見で締めくくっています。

解答例 2　**解 説**　"I think that an employee should be able to dress casually at work." と自分の意見を述べた後、"because ..." を続け、自分の立場から理由を説明しています。"comfortable"（快適な）という単語を何度も繰り返し、強調しています。

スクリプト

This is Charles Marley from the Hudson branch. I don't have the most updated agenda, so I have some questions.

Question 8 Who's giving the first report, and what is it about?

Question 9 The Customer Satisfaction Survey Results from Canada will be reported after lunch, right?

Question 10 I heard that there will be updates from various departments. Could you tell me more about that?

(Narrator) Now listen again.

I heard that there will be updates from various departments. Could you tell me more about that?

対　訳

社員ミーティング 議事日程
9月5日

8:00-8:30 A.M.	コーヒーとマフィンを用意しています
8:30-9:00 A.M.	月間営業報告　Karen Andrews、David Smith
9:00-10:00 A.M.	各部署からの最新情報
	－研究開発部　Sarah Hartley
	－技術部　Mary Lambert
	－広報部　John Colbert
10:00-11:00 A.M.	市場調査発表　北米についての報告
11:00-11:30 A.M.	顧客満足度調査の結果－カナダ
11:30-12:00 P.M.	その他
正午	昼食

Hudson 支社の Charles Marley です。最新の議事日程表が手元にないので、いくつか質問があります。

質問 8 最初の報告はだれが行いますか。また内容は何ですか。

質問 9 カナダの顧客満足度調査の結果報告は昼食後ですよね？

質問 10 いくつかの部署からの最新情報があると聞きましたが、それについてもう少し教えてもらえませんか。

（ナレーター）　ではもう一度聞いてください。

いくつかの部署からの最新情報があると聞きましたが、それについてもう少し教えてもらえませんか。

Question 8

 87 | 解答例 1 | 解 説 | 最初の報告についてたずねられているので、8:30-9:00 A.M. の項に注目しましょう。最初に人物、その後で報告の内容について説明しています。

解答例 2 | 解 説 | Karen Andrews と David Smith が最初に月間営業報告を行うと、1 文で説明しています。

Question 9

 88 | 解答例 1 | 解 説 | 顧客満足度調査についてたずねられているので、11:00-11:30 A.M. の項に注目しましょう。この解答例のように、昼食後ではなく、昼食前に行われると伝えればよいでしょう。

解答例 2 | 解 説 | "No." と最初に答えた後に、実際は 11 時から行われると説明しています。

Question 10

 89 | 解答例 1 | 解 説 | 各部署からの最新情報については、9:00-10:00 A.M. の項に注目し、どの部署についてだれが報告を行うかを述べればよいでしょう。

解答例 2 | 解 説 | 3 つの部署から最新情報があると概要を述べた後で、個々の部署と報告を行う人を伝えています。

Question 11 （p. 224）

| 対　訳 |

本で学習するのが好きな人もいれば、経験から学ぶほうが好きな人もいます。あなたは学ぶのにどちらの方法が好きですか。またそれはなぜですか。自分の意見を裏付ける具体的な理由や例も述べてください。

 **解答例1**　**解　説**　「本」と「経験」のうち、どちらから学ぶほうがよいかという自分の意見を最初にはっきりさせ、その理由を述べていくのがオーソドックスな答え方でしょう。ここでは最初に "Most of the time I prefer to learn doing things through experience ..." と述べてからその理由と例を挙げています。

解答例2　**解　説**　最初に "My preference is to learn from books as well as experience." と言って、両方ともよい点があると述べています。具体例として、アメリカについての本を読んだ後、最近アメリカへ行ったときの経験を述べています。

● 練習テスト 2 ●

| Question 1 | (p. 225)

対 訳 Watertown Radio では、みなさんがお聞きになりたい情報を提供しています。映画でも、スポーツでも、地域のニュースでも、Watertown Radio で聞くことができます。さらに、地域の天気予報と交通情報は 1 時間おきに最新情報をお伝えします。ダイヤルはどうぞそのまま、ただいまからローカルニュースで、今日の主な出来事をお伝えします。

91 **解答例 1** **解 説** ラジオのアナウンスです。1 語 1 語明瞭な発音で読んでいます。

解答例 2 **解 説** 速いスピードですが、強弱をつけて英語らしいリズムで読んでいます。

| Question 2 | (p. 225)

対 訳 World Air 413 便ロンドン行きにご搭乗のお客様に申し上げます。一般のお客様のご搭乗は 15 分後に開始いたしますが、ただいまより、優先搭乗を開始いたします。優先搭乗は、小さなお子様をお連れのお客様、介助が必要なお客様、World Air Frequent Flyers Club の会員の方々が対象です。一般のお客様のご搭乗は準備が整い次第、改めてご案内させていただきます。

92 **解答例 1** **解 説** 空港内のアナウンスです。イントネーションやどこを強調して読んだらいいかを知るうえの手本としましょう。

解答例 2 **解 説** 最初の 1 文を特にはっきりと読んでいるため、だれに対する案内であるかが明確です。

Question 3 （p. 226）

 解答例1　解　説　最初にこの場所を"playground"（公園、遊び場）と説明し、季節や遊具について述べています。"It looks like ..."や"It might be ..."を使って写真から考えられる様子を説明しています。

解答例2　解　説　"What I see in this picture is ..."から文を始め、写真の中に見えるものについて説明しています。最後は"It seems like a very nice, quiet good community to raise children."と自分が受けた印象を述べています。

Question 4 （p. 227）

解答例1　解　説　一貫性があり、聞き手にとって理解しやすい解答です。写真の人物の様子や場所、していることを描写できています。"microscope"といっ語が出てこなくても"there is a machine on the desk"という平易な言葉で説明できています。"uh,""I think, I think"といった言いよどみのつなぎ言葉はありますが、これらも自然であり、聞き手の理解を妨げるものではありません。

解答例2　解　説　写真の概要を効果的に描写しています。話し方は明瞭で、聞きやすい解答です。"microscopes"や"fluorescent light"などの語彙は正確であり、文法構造も適切で、理路整然と表現されています。

Questions 5-7 (p. 228)

| 対 訳 | イギリスのマーケティング会社があなたの国で調査を行っていると想像してください。あなたは、ラジオの聴取について、電話インタビューに応じることになりました。 |

質問5　ラジオからどんな情報を得ていますか。

質問6　ふだんは、いつどこでラジオを聞きますか。

質問7　ラジオで情報を得るメリットはどんなことですか。

Question 5

 95

解答例1 **解 説** やや長い文ですが、質問文に合わせ、" I usually get ... from the radio." という文の形で1文で答えています。

解答例2 **解 説** " What I get from the radio is music and news ..." と答えています。どういう時にラジオを聞くかも説明していますが、この質問にそこまで答える必要はありません。

Question 6

96

解答例1 **解 説** " I usually listen to the radio in the morning on the way to work in my car." と、時と場所を1文の中で説明し、週末に家でも時々聞くとつけ加えています。

解答例2 **解 説** 仕事への行き帰りに車で聞くことがほとんどだと述べています。

Question 7

97

解答例1 **解 説** ほかのことをしながら聞ける点がよいと述べた後に、運転中や料理中などの例を挙げています。また、もう1点、必要な情報がまとまっていて信頼できるという利点も挙げています。

解答例2 **解 説** 解答例1とは違った視点での答えです。さまざまな種類の音楽を楽しめる点を挙げています。また、運転中や歩きながらでも聞ける点についても触れています。

スクリプト

Good morning, uh, Kevin Farley here with the *Daily Newspaper*. I've got a few questions about the upcoming job fair.

Question 8　When is the workshop on interview skills?

Question 9　The speech at 9 o'clock . . . is it being given by Henry Stone, the author?

Question 10　Besides going to the discussions, what else can people do at the job fair?

(Narrator)　Now listen again.

Besides going to the discussions, what else can people do at the job fair?

対　訳

The Job Center 主催：就職フェア

日時：	9月21日　9:00 A.M.—5:00 P.M.	
場所：	Harrington Convention Center	
開会の辞：	9:00－9:45	Carla Hernandez　The Job Center 所長
討論会（エリア A）	10:00－11:00	雇用側が求めているもの
	1:00－2:00	人気職種トップ 10
	2:00－3:00	給与交渉
研修会（エリア C）	10:00－12:00	完璧な履歴書
	2:00－4:00	面接スキルの構築
ブース（メインホール）	10:30－5:00	地元企業 20 社からの代表者

もしもし、*Daily Newspaper* の Kevin Farley です。近々行われる就職フェアについていくつか質問があります。

質問 8　　　面接スキルについての研修会はいつ行われますか。

質問 9　　　9 時からのスピーチですが……作家の Henry Stone さんが行う予定ですか。

質問 10　　就職フェアでは、討論会のほかにどんなことが行われますか。

(ナレーター)　ではもう一度聞いてください。

就職フェアでは、討論会のほかにどんなことが行われますか。

Question 8

解答例1 | **解 説** | 「面接スキルについての研修会」は、日程表の workshop の 2:00－4:00 の項にあります。When で始まる質問なので、"from 2:00 to 4:00" と答えています。"Area C" とも答えていますが、場所は特にたずねられていないので、答えなくてもよいでしょう。

解答例2 | **解 説** | 求められた情報について、"... takes place at 2:00 p.m. to 4:00 p.m." と答えています。

Question 9

解答例1 | **解 説** | 9 時からのスピーチについてたずねられているので、Opening address の項に注目しましょう。ここではスピーチを行う人物についての情報が違っています。違った情報が伝わっていることを謝罪した後で、実際にスピーチを行う人物とその人の役職を説明しています。

解答例2 | **解 説** | 質問の形に注意しましょう。Is it ...? と聞かれているので、まずは Yes、No で答えるのが最も簡単な答え方です。最初に "No." と答えているのは、2 つの解答例に共通しています。

Question 10

解答例1 | **解 説** | 討論会のほかに何が行われるかをたずねられているので、日程表の下のほうにある Workshops と Booths の項に注目しましょう。ここでは 10:00－12:00 に行われる研修会とメインホールに設けられるブースについて説明しています。

解答例2 | **解 説** | Workshops と Booths の内容をすべて説明しています。各活動の開催時間については触れていません。

(p. 230)

お金を稼いだら楽しみのために使うのと、将来のために貯金するのと、どちらがよいですか。自分の意見を裏付ける具体的な理由や例も述べてください。

101 解答例1 解 説 "I think it's better to save your money for some time in the future." という文で始めて自分の意見を明らかにしています。自分の両親の例を挙げて説明し、最後に再び、"So I think it's important to save money for the future." と言って締めくくっています。

解答例2 解 説 両方の立場について、それぞれのよいところを自分の視点から挙げています。

Writing Test Directions

This is the TOEIC Writing Test. This test includes eight questions that measure different aspects of your writing ability. The test lasts approximately one hour.

Question	Task	Evaluation Criteria
1-5	Write a sentence based on a picture	• grammar • relevance of the sentences to the pictures
6-7	Respond to a written request	• quality and variety of your sentences • vocabulary • organization
8	Write an opinion essay	• whether your opinion is supported with reasons and/or examples • grammar . vocabulary . organization

For each type of question, you will be given specific directions, including the time allowed for writing.

Writing Test
練習テスト 1

Questions 1-5 :
Write a sentence based on a picture

Directions: In this part of the test, you will write ONE sentence that is based on a picture. With each picture, you will be given TWO words or phrases that you must use in your sentence. You can change the forms of the words and you can use the words in any order. Your sentences will be scored on

- the appropriate use of grammar and
- the relevance of the sentence to the picture.

You will have 8 minutes to complete this part of the test.

Question 1

Directions: Write ONE sentence based on the picture. Use the TWO words or phrases under the picture. You may change the forms of the words and you may use them in any order.

woman / look

カラー写真は ix ページにあります。

Question 2

....

Directions: Write ONE sentence based on the picture. Use the TWO words or phrases under the picture. You may change the forms of the words and you may use them in any order.

bicycle / in front of

写真は ix ページにもあります。

Question 3

....

Directions: Write ONE sentence based on the picture. Use the TWO words or phrases under the picture. You may change the forms of the words and you may use them in any order.

envelope / desk

写真は x ページにもあります。

Question 4

....

Directions: Write ONE sentence based on the picture. Use the TWO words or phrases under the picture. You may change the forms of the words and you may use them in any order.

map / because

カラー写真は xi ページにあります。

Question 5

....

Directions: Write ONE sentence based on the picture. Use the TWO words or phrases under the picture. You may change the forms of the words and you may use them in any order.

talk / while

カラー写真は xii ページにあります。

Questions 6-7 :
Respond to a written request

Directions: In this part of the test, you will show how well you can write a response to an e-mail. Your response will be scored on

- the quality and variety of your sentences,
- vocabulary, and
- organization.

You will have 10 minutes to read and answer each e-mail.

Question 6

Directions: Read the e-mail.

FROM: Joe Sheffield, Manager

TO: Market research staff

SUBJECT: Activities for Australian colleagues

SENT: May 15, 1:21 P.M.

Colleagues from our offices in Perth, Australia will be with us next month for the sales conference. We'd like to show them around our city and provide entertainment for them in the evenings. Would each of you e-mail me suggestions for what we might plan for them? Thank you!

Directions: Respond to the e-mail as if you work for a company where Joe Sheffield is a manager. In your e-mail, make THREE suggestions for activities for the visiting colleagues.

Question 7

....

Directions: Read the e-mail.

FROM: Audio Books on the Go

TO: List-serve

SUBJECT: Read while you're on the road!

SENT: July 8, 6:30 PM

Catch up on the latest best-selling books while you're on your way to work! Audio Books on the Go has thousands of titles for every taste. E-mail us to find out more about our special offers.

Directions: Respond to the e-mail. In your e-mail, ask TWO questions and make ONE request.

Question 8 : Write an opinion essay

....

Directions: In this part of the test, you will write an essay in response to a question that asks you to state, explain, and support your opinion on an issue. Typically an effective essay will contain a minimum of 300 words. Your response will be scored on

- whether your opinion is supported with reasons and/or examples,
- grammar,
- vocabulary, and
- organization.

You will have 30 minutes to plan, write, and revise your essay.

Directions: Read the question below. You have 30 minutes to plan, write, and revise your essay. Typically, an effective response will contain a minimum of 300 words.

Do you agree or disagree with the following statement?

Learning a new physical skill is easier than learning a new mental skill.

Use specific reasons and examples to support your answer.

Writing Test
練習テスト 2

Questions 1-5 :
Write a sentence based on a picture

Directions: In this part of the test, you will write ONE sentence that is based on a picture. With each picture, you will be given TWO words or phrases that you must use in your sentence. You can change the forms of the words and you can use the words in any order. Your sentences will be scored on

- the appropriate use of grammar and
- the relevance of the sentence to the picture.

You will have 8 minutes to complete this part of the test.

Question 1

Directions: Write ONE sentence based on the picture. Use the TWO words or phrases under the picture. You may change the forms of the words and you may use them in any order.

man / wait

カラー写真は xiii ページにあります。

Question 2

....

Directions: Write ONE sentence based on the picture. Use the TWO words or phrases under the picture. You may change the forms of the words and you may use them in any order.

woman / directions

カラー写真は xiii ページにあります。

Writing
Test

練習テスト 2

Question 2

....

Directions: Write ONE sentence based on the picture. Use the TWO words or phrases under the picture. You may change the forms of the words and you may use them in any order.

woman / directions

カラー写真は xiii ページにあります。

Writing Test

練習テスト 2

Question 3

....

Directions: Write ONE sentence based on the picture. Use the TWO words or phrases under the picture. You may change the forms of the words and you may use them in any order.

plane / arrive

写真は xiv ページにもあります。

Question 4

....

Directions: Write ONE sentence based on the picture. Use the TWO words or phrases under
the picture. You may change the forms of the words and you may use them in any
order.

work / until

写真は xiv ページにもあります。

Question 5

··

Directions: Write ONE sentence based on the picture. Use the TWO words or phrases under the picture. You may change the forms of the words and you may use them in any order.

gather / so that

カラー写真は xv ページにあります。

256

Questions 6-7 :
Respond to a written request

Directions: In this part of the test, you will show how well you can write a response to an e-mail. Your response will be scored on

- the quality and variety of your sentences,
- vocabulary, and
- organization.

You will have 10 minutes to read and answer each e-mail.

Question 6

Directions: Read the e-mail.

FROM: J. Wolfe
TO: M. Lee
SUBJECT: Congratulations
SENT: April 20

Welcome to the staff! I'm sure we will be working together closely. If you have any questions about the job, just ask me. Also, please let me know if you need anything and I'll get it for you.

Directions: Respond to the e-mail as if you are M. Lee. In your e-mail, ask TWO questions about your new job and make ONE request.

Question 7

....

Directions: Read the e-mail.

FROM: Tel-Call Company

TO: Advertising list

SUBJECT: Get the most out of your card

SENT: December 3, 4:07 p.m.

New! Tel-Call International Calling cards are available via the Internet!

Tel-call has the lowest prices to and from any country. Reply to
customerservice@tel-call.com to purchase your card or to find out
more information.

Directions: Respond to the e-mail. In your e-mail, ask THREE questions.

Question 8 : Write an opinion essay

Directions: In this part of the test, you will write an essay in response to a question that asks you to state, explain, and support your opinion on an issue. Typically an effective essay will contain a minimum of 300 words. Your response will be scored on

- whether your opinion is supported with reasons and/or examples,
- grammar,
- vocabulary, and
- organization.

You will have 30 minutes to plan, write, and revise your essay.

Directions: Read the question below. You have 30 minutes to plan, write, and revise your essay. Typically, an effective response will contain a minimum of 300 words.

People learn in different ways. Some people learn by doing; other people learn by reading; others learn by listening to lectures or watching demonstrations. Which of these methods of learning is best for you? Use specific examples to support your choice.

Writing Test
練習テスト
<模範解答例 / 解説>

ETS が作成した模範解答例を掲載しています。より上のレベルを目指すうえでの参考にしてください。

● 練習テスト 1 ●

Question 1 (p. 244)

解答例 1 This picture shows a woman looking at a book.

解説 与えられた語句は woman と look。"This picture shows ..." と、この写真がどんな場面であるかを説明しています。

解答例 2 A woman in a white shirt is looking at a book.

解説 女性について、"in a white shirt"（白いシャツを着た）と詳しく説明を加えています。A woman is looking at a book. だけでも課題を満たしています。

解答例 3 The woman has many books at which she can look.

解説 関係代名詞 which を使い、やや複雑な文を表現しています。「～を見る」は look at ～なので、関係代名詞の前の at を忘れないようにしましょう。

Question 2 (p. 245)

解答例 1 There is a bicycle in front of a car.

解説 与えられた語句は bicycle と in front of（～の前に）。自転車が何の前にあるかに注目して文を組み立てればよいでしょう。

解答例 2 Someone left a bicycle in front of the car.

解説 写真の様子から「だれかが自転車を置いていった」と、想像力を働かせて説明しています。"left" は leave（～を置いていく）の過去形。

解答例 3 The bicycle in front of the car looks expensive.

解説 主語は "The bicycle in front of the car"。自転車について "looks expensive"（高価そうである）という感想を述べた文です。主語が三人称・単数（the bicycle）なので現在形の動詞が looks となる点に注意しましょう。

Writing Test のディレクションの対訳は、第 2 章の各問題を参照してください。

Question 3 (p. 246)

解答例 1　The man is looking at the envelope that is on the desk.

解 説　与えられた語句は envelope（封筒）と desk（机）。封筒と机の位置関係をまず確認します。次にこの写真の中心人物である男性が何をしているかに注目しましょう。ここでは「男性は封筒を見ている」と表現しています。後半の that は the envelope を先行詞とする関係代名詞です。

解答例 2　A man is reading the envelope on the desk.

解 説　この解答例では、「男性は封筒を読んでいる」と表現しています。写真と合っていれば、「見ている」でも「読んでいる」でも問題ありません。

解答例 3　There is an envelope on the desk.

解 説　「机の上に封筒がある」という単純な文です。男性については触れていませんが、課題を満たしています。

Question 4 (p. 247)

解答例 1　The woman is studying the map because she is lost.

解 説　与えられた語句は map（地図）と because（～なので）。because を使って、女性が地図を見ている理由を説明すればよいでしょう。ここでは "because she is lost"（彼女は道に迷っているので）と説明しています。なお、"study" には「勉強する」のほかに「～を詳しく調べる」という意味があります。

解答例 2　The woman is looking at the map because she does not know the area.

解 説　「道に迷っている」という言い方がわからなくても、このように "she does not know the area"（彼女はこの地域を知らない）と言い換えることができます。

解答例 3　Because she is tired, the woman is sitting while she looks at the map.

解 説　because ～は文の前半に置くこともできます。その場合はカンマを使って because 節の区切りを示します。「女性は疲れたので、地図を見ている間、座っています」という意味。

Question 5 (p. 248)

解答例 1　While they wait for their lunch, the friends talk about their day.

解 説　与えられた語句は talk と while。while は「～する間に…する」と、同時に起こっている 2 つの出来事を説明するときに使う語です。ここでは写真から想像したことを文にしています。

解答例 2　The men are talking while they sit in a restaurant.

解 説　解答例 1 とは違って、写真からわかる様子を忠実に説明しています。主語 "The men" は複数なので、受ける動詞は "are"。

解答例 3　The guys talk with one another while they wait for the waitress.

解 説　"while they wait for the waitress"（ウェイトレスを待つ間）という部分は想像して書いています。"one another" は「お互い」という意味で、each other でも同じ意味を表すことができます。

対 訳	

差出人： 　Joe Sheffield 部長
宛先： 　マーケットリサーチ課のスタッフ
件名： 　オーストラリア支社の同僚のための催し
送信日時： 　5月15日　1:21 P.M.
オーストラリア、パース支社の同僚が営業会議で来月社を訪問します。町を案内して、夜は何かもてなしてあげたいと思います。みなさん、彼らのための何かよいプランをメールで私に提案してくれますか。よろしくお願いします！

ディレクション　Joe Sheffield が部長である会社で働いているつもりで、このメールに返信しなさい。メールの中で、訪問する同僚のための催しを3つ提案すること。

解答例1 Joe,

This message is in regards to the activities we could plan for our Australian colleagues. I think that they would have a lot of fun at the Grounds for Sculpture outdoor art museum in Princeton. Additionally, I believe they might enjoy going to Palmer Square to do some window-shopping. Finally, I think we should take them to one of the trendy restaurants in downtown Princeton.

Please let me know if you need any further suggestions.

Thanks!

解 説 最初の1文でメールの用件を説明し、2～4文目で3つの提案をしています。1つ目は"I think that they would have a lot of fun at ..."（彼らは…でとても楽しめると思います）、2つ目は"I believe they might enjoy going to ..."（彼らは…へ行ったら楽しめると思います）、最後は主語を"we"として、"I think we should take them to ..."（私たちは彼らを…へ連れていったらよいと思います）と表しています。どの文も場所について述べていますが、バラエティーに富んだ表現力が注目に値します。いずれも、上手な提案のしかたとして覚えておくと役立つ構文です。

解答例2 Joe,

There are many different activities we could plan for our colleagues from Australia. First we could bring them to Grounds for Sculpture, an outdoor art museum located in Princeton. Window-shopping in Palmer Square is another potential activity. Third, there are many wonderful restaurants to which we could bring them for dinner. For example, we could go to Bonsai, where they serve hibachi-style food. It's like dinner and a show!

If you need any other suggestions, please let me know.

Thanks!

解答例 1 と同じような内容を提案していますが、こちらは "First ..."、"another"、"Third ...." という語を使っています。提案が 3 つあることが一目瞭然で、読み手にわかりやすい書き方です。なお、解答例 1 も 2 も "Joe," から始まっていますが、会社の同僚がお互いをファーストネームで呼び合うのは英語圏の国ではめずらしくないことなので、この場合たとえ上司であっても失礼にはなりません。また、最後の Thanks! は日本語で言えば「よろしくお願いします」にあたる表現と考えてよいでしょう。

解答例 3 Hello, Joe,

It is always a pleasure to show visitors our wonderful city. I have a few ideas that you might find useful.

Obviously the beaches in this area are some of the best in the world, so how about an afternoon trip to visit them?

There are great seafood restaurants in the area, so you could combine a visit to the beach with dinner.

Another idea would be to go to one of the local pubs to give our visitors a taste of Australian culture. It would be a great place to relax after a hard day of study.

I hope these ideas work out for you. Let me know if there is anything else I can do to help.

解 説 比較的平易な単語と文体で書かれ、メールの文章としてわかりやすいでしょう。また、段落ごとに要点がまとまり、見た目にも読みやすい印象を与えます。第 2、3、4 段落で 3 つの提案をしています。

対 訳	差出人：	Audio Books on the Go
	宛先：	会員登録者
	件名：	通勤の車で読書を！
	送信日時：	7月8日6:30 PM

会社への通勤時間に、最新のベストセラーを聞きましょう！ Audio Books on the Go では、あらゆる好みに合う何千種類ものオーディオブックを取り揃えています。特別価格でのご提供品について詳しく知りたい方は、メールでご連絡ください。

ディレクション　このメールに返信しなさい。メールの中で、質問を2つと依頼を1つすること。

解答例1 Hi!

I received your email regarding your audio books. Could you please send me some information about the different discounts you offer? Additionally, I had a few questions for you. Do you have any non-fiction titles? Do you have any physical store locations, or do you only sell your product over the internet?

Thanks!

解 説 最初に、各種の割引についての情報を送ってほしいという内容の「依頼」をしています。後半で、ノンフィクションのものを扱っているかどうかと、オーディオブックを取り扱う店舗があるかどうかという2つの質問をしています。

解答例2 Hello,

I got your email about your audio books and had a few questions. First, what is your return policy? Second, if I want to purchase an audio book as a gift, can I have it shipped directly to my friend? Finally, could you provide me with your customer service phone number?

Thank you!

解 説 解答例1とは逆に、先に2点質問をし、最後にカスタマーサービスの電話番号を教えてほしいという依頼をしています。このような設問では、質問と依頼のどちらを先にしても構いません。書きやすいほうを選びましょう。

解答例3 To whom it may concern,

I'm curious about your Audio Books. How often do you update your title list? Do you have an exchange program for tapes that your customers no longer need?

I'd appreciate it if you could send me information on the titles you have available and a price list.

Thank you!

解 説 簡潔にまとまっています。第1段落に2つの質問、第2段落に1つの依頼が書かれています。"I'd appreciate it if you could ..." は「…していただけると幸いです」という丁寧な依頼表現です。冒頭の "To whom it may concern," は「ご担当者様」という意味で、相手の名前を特定できない場合に使われる決まり文句です。

Question 8 (p. 251)

対 訳 以下の内容に賛成ですか、反対ですか。

「新しい身体的能力を身につける方が、新しい知的能力を身につけるよりも簡単である」

自分の意見を裏付ける具体的な理由や例も述べてください。

解答例 1 I believe that learning a new physical skill is much easier than learning a new mental skill. With practice, one can build "muscle memory" where the body eventually learns to make a movement automatically. In such a situation, an individual can repeat the actions needed to perform the new physical skill until the skill becomes second nature. For example, if someone wanted to learn how to properly hit a baseball, he or she would need to practice holding the bat correctly, swinging the bat correctly, and so on. Eventually, the person's grip on the bat would become automatic as would the way in which the bat was swung.

In contrast, a new mental skill may be more difficult to learn as the person may not have the background to learn the new skill. One's ability to perform a mental skill is often based upon one's ability to perform other similar mental skills. For example, an individual's ability to solve an algebra problem is based on his or her ability to solve a simple math problem. If an individual can not solve simple math equations, it will be nearly impossible for them to solve an algebra problem.

In conclusion, I feel that it is easier to learn a new physical skill than a new mental skill. Over time, a person can "teach" his or her body to perform a skill simply by practicing the movements over and over again. On the other hand, a new mental skill can only be learned if it is not too large of a leap from the individual's current mental skills. Without a strong background in related skills it is difficult to pick up a new mental skill.

解 説 最初の文で、身体的な能力を身につけることは、知的なスキルの習得よりもずっと簡単である、という自分の意見をはっきりと示しています。そして、第 1 段落ではその理由を、野球を例に挙げて説明しています。第 2 段落は、"In contrast"（対照的に、その一方）から始まっていますが、このフレーズには今度は知的なスキルの習得という視点から説明することを読み手にはっきりと示す効果があります。最後は "In conclusion"（結論として）を使ってまとめています。

解答例2 Some people believe that learning a new physical skill is easier than a new mental skill. In fact, it depends more on the nature of the person and his or her innate abilities coupled with actual experience.

Someone who is relatively athletic and good with his or her hands will most likely have a better chance of learning a physical skill more quickly and more easily than someone without such dexterity. The history of embroidered fabrics must be filled with workers who were nimble of finger and sharp of eye. I believe there is little questioning that the physical skill of these workers greatly contributed to their ability to learn the actions necessary to complete the job and be successful at it.

Such workers would then find it much easier than a person without such experience to become proficient in a task that requires a similar level of dexterity, such as assembling electronic computer boards.

In contrast to this skill, a person who has had more experience with abstract thinking – perhaps someone with a greater degree of academic training – may find it easier to grasp complicated ideas and constructs. Some one who, for example, has a strong background in mathematics would find it easier to pick up the fundamentals of accounting, or move into the logic of engineering than a person with no similar experience.

This being said, it is not only one's background that dictates one's affinity for picking up new skills. Each individual has innate abilities – both mental and physical – that provide him or her with the inclination to pick up one skill more readily than another. There are certainly lucky individuals who have the facility to pick up both mental and physical skills with equal ease. It is these lucky characters that find it easy to be successful in almost any endeavor.

Experience and natural ability dictate one's ability to pick up a new skill, whether mental or physical. It cannot be said that either type of skill is inherently easier than the other.

解　説 例をいくつか挙げ、最後に結論を述べるというスタイルで書かれています。結論は、最後の文にある「本来どちらの能力のほうが身につけやすいということは言えない」という部分にあります。第2、3段落は、身体的な能力を身につけるほうが易しい例、第4段落は知的なスキルを習得するほうが簡単な例について書かれ、第5段落ではどちらの能力のほうが身につけやすいかは、その人の経験だけでなく、生まれながらに備わった能力にも関係すると述べています。

● 練習テスト 2 ●

Question 1 (p. 252)

解答例 1 The man is waiting for his appointment.

解　説 与えられた語句は man（男性）と wait（待つ）。「男性は予約を待っています」と表しています。

解答例 2 The receptionist has asked the man to wait.

解　説 写真の中で起こっていることを想像して表現しています。現在完了形を使って、「（たった今）～したところだ」というニュアンスを出しています。"receptionist" は「受付係」。

解答例 3 The man is standing near the receptionist's desk while he waits.

解　説 "while he waits"（待つ間）を使って、男性の様子を説明しています。

Question 2 (p. 253)

解答例 1 The woman has asked for directions.

解　説 与えられた語句は woman（女性）と directions（方向、指示）。Question1 の解答例 2 と同様に現在完了形を使って「～したところだ」というニュアンスを出しています。

解答例 2 The woman does not understand the directions she has been given.

解　説 "the directions she has been given" は「彼女が与えられた指示」という意味。

解答例 3 The woman needs directions to her appointment.

解　説 「女性は約束の場所への行き方を必要としています」という単純な文です。

Question 3 (p. 254)

解答例 1 The plane has arrived.

解　説 与えられた語句は plane（飛行機）と arrive（到着する）。現在完了形 "has arrived" で「到着したところ」と表しています。

解答例 2 The workers had to wait for the plane to arrive before they could load the luggage.

解　説 "wait for ～ to ..." で「～が…するのを待つ」。"load the luggage" は「荷物を積む」という意味。

解答例 3 After arriving, the plane had to be loaded with luggage.

解　説 be loaded という動詞の形に注目しましょう。主語は the plane なので、had to の後は「荷物を積む」でなく、「荷物が積まれる」という受動態にしています。

Question 4　(p. 255)

解答例 1 The men were working until they found a problem.

解　説　与えられた語句は work（仕事、働く）と until（～まで）。until は前置詞としても接続詞としても使えます。写真の男性たちがいつまで働くかを考えて文を作ればよいでしょう。注意しなければならないのは、前半と後半の時制をそろえること。ここでは過去時制を使って表現しています。

解答例 2 The two men were working until the man on the right told them to stop.

解　説　これも過去時制を使って表現している例です。until のあとの文はやや複雑ですが、「右にいる男性が彼らにやめるように言うまで」という意味です。

解答例 3 The men can't work until they finish planning the job.

解　説　これは、can't と finish という現在時制を使って表現している例です。写真の男性たちが「計画を立てている」と想像しています。

Question 5　(p. 256)

解答例 1 The man told his friends to gather in one spot so that he could take a picture of them.

解　説　与えられた語句は gather（集まる）と so that（～するために）。男性たちが集まっている目的を表す文を作ればよいでしょう。「男性は友達に、写真を撮れるように 1 か所に集まるように言いました」という意味の文です。so that は 1 語 1 語に分けず、ひとまとまりの語句として使用しなければなりません。

解答例 2 The group is gathering together so that they could have their picture taken.

解　説　「そのグループは写真を撮ってもらえるように集まっています」という文。後半の "have their picture taken" は「写真を撮ってもらう」という意味で、taken という過去分詞を使います。

解答例 3 The man has gathered his friends together so that he can take their photograph.

解　説　「男性は写真を撮るために友達を集めました」という文。has gathered は現在完了形です。

対 訳	
	差出人： J. Wolfe
	宛先： M. Lee
	件名： おめでとう
	送信日時： 4月20日

我が社へようこそ！ きっとLeeさんとはこれから緊密に協力してお仕事をすることになると思います。仕事のことで何か質問があれば私にたずねてください。また、何か必要なものがあれば知らせてください。私が用意します。

ディレクション　M. Leeさんになったつもりで、このメールに返信しなさい。メールの中で、新しい仕事について質問を2つし、依頼を1つすること。

解答例1 Dear J. Wolfe,

Thank you for your email. I actually do have a couple of questions for you. First, where can I find more information regarding the audit project to which I have been assigned? Second, how often do I need to complete inventory reports? Finally, could you please send me a copy of the last few inventory reports so that I can keep them on file?

Thank you!

解 説 2つの質問と1つの依頼を、"First ..."、"Second ..."、"Finally ..." という語を使ってわかりやすく列挙しています。質問は、会計監査の資料のある場所と、在庫報告書の提出頻度についてたずねています。依頼としては、最新の在庫報告書のコピーをいくつか送ってほしいと書いています。

解答例2 Hello! Thank you for your offer to answer my questions regarding the job. I have some questions I would like to ask you. I have a meeting on B campus, but I don't know where it is. Where is B campus located? How do I get to B campus from A campus? Also, could you send me a copy of the audit files? I'm supposed to bring them with me to the meeting.

Thanks!

解 説 最初にB区の場所とそこへの行き方の2点をたずね、最後に会計監査資料のコピーを送ってほしいと依頼しています。解答例1、2とも "Could you ～?" が使われていますが、これは「～していただけますか」という丁寧な表現です。

解答例3 Dear M. Wolfe,

Thank you for your kind note. I'm happy to have joined the team and am looking forward to working with you.
I have a couple of questions. Are there regular staff meetings that I will need to participate in? If so, when and where are they held?

Also, if possible, I'd appreciate a tour of the facilities I'll be working with. If you could arrange one for me, it would be very helpful.

I will try my best to be a valuable contributor to the team. Please let me know whenever there is something that I could do better.

Thank you!
M. Lee

解　説 「定期的な社員ミーティングがあるかどうか」と、あるとしたら「いつ、どこで行われるか」という部分が質問にあたり、「施設の案内をしてもらいたい」という部分が依頼にあたります。

対 訳	

差出人： Tel-Call Company

宛先： 広告用メーリングリスト

件名： カードで得をしよう

送信日時： 12月3日 4:37 p.m.

新情報です！ Tel-Call の国際通話カードがインターネットを通じてご購入いただけます！

Tel-Call は、どの国へかけても、どの国からかけても、最も安い料金でご利用できます。カードのご購入やもっと詳しい情報をお知りになりたい場合は customerservice@tel-call.com までご返信ください。

ディレクション このメールに返信しなさい。メールの中で、質問を 3 つすること。

解答例 1 Hello! I have a few questions about your International Calling cards. First, how much do you charge to call from the United States to Japan? Is there a connection fee in addition to the per minute charge? How soon can you mail me a card?

Thank you!

解 説 最初に、「国際通話カードについていくつか質問があります」と前置きした後で 3 つの質問を列挙しています。こうしたメールで大切なのは、読み手がわかりやすい文で書くこと。質問は、回りくどい言い方をせず、簡潔に書きましょう。

解答例 2 Hi! I was hoping you'd be able to answer some questions I have regarding your International Calling cards. Do your rates differ depending on the time of my call? Are the rates different if I call a cell phone as opposed to a land line? Can I purchase your cards in a local store, or do they have to be bought through the internet?

Thanks!

解 説 解答例 1 と同様に、それぞれの質問を 1 文で表現しています。"I was hoping you'd be able to answer ..." で言っている内容は、解答例 1 の "I have a few questions ..." と同じことですが、1 が単刀直入な言い方なのに対し、2 は「…していただけたらよいと思います」という丁寧な表現になります。

解答例 3 To whom it may concern:

I recently received your advertisement for international calling cards.

I don't recall asking to be on your mailing list. Where did you get my contact information? How can I remove my name from your mailing list? Have you shared my contact information with any other sales companies?

My privacy is very important to me, and I hope you will remove me from any future mailings.
John Smith
Not interested customer

解 説 メールの送付先リストから自分の連絡先を削除してほしいという依頼がこのメールの主旨です。どこで連絡先の情報を入手し、どうしたらリストから削除してもらえるか、また、自分の連絡先がほかの会社にも共有されているか、という 3 つの質問を列挙しています。

Question 8 (p. 259)

対 訳 学び方にはさまざまな方法があります。実際に体験して学習する人、読書を通じて学習する人、また、講義を聞いたり、実演を見たりして学ぶ人がいます。あなたにとって一番よい学び方はどれですか。自分の意見を裏付ける具体的な例も述べてください。

解答例 1 Personally, I learn best when I am able to do the task myself. For example, when I learned how to change a tire on a car, I found that I didn't really understand how to do the task until I did it myself. While my father had explained how to change a tire and I had watched him change a tire numerous times, it wasn't until I changed a tire myself that I felt I really knew how to do it.

When I am performing the task while I learn, I have more opportunities to discover potential difficulties and to raise questions. For example, while learning how to change a tire, it wasn't until I was changing the tire myself that I realized I didn't know how to use the car jack properly. When I was observing someone else change a tire and when I heard or read about changing a tire I hadn't thought to ask about how to operate the car jack. From listening and watching others, I had thought that the difficult part of the task was getting the bolts off of the tire, not raising the car using the jack. If I had not attempted to perform the task myself, I would not have realized until I was in an emergency that I did not know how to operate the jack. Additionally, if I perform the task while learning it, I tend to be more likely to remember the steps and procedure than if I am only watching or listening to someone else perform the task. In conclusion, I feel that it is easiest for me to learn while doing because I am more likely to ask questions and remember how to do the task if I do it myself as opposed to reading about the task or watching/listening to others.

解 説 最初の文で、「私の場合は、実際に自分で体験することができるときに一番よく学ぶことができる」と、自分が支持する意見を明らかにしています。それを裏付ける例として、第 1 段落でタイヤの交換を取りあげています。第 2 段落では、その理由を 2 つあげていますが、そこでもタイヤの交換を例に挙げることで、より具体性のある話にまとめています。最後に "In conclusion ..." で始まる 1 文で、自分の意見を要約しています。

274

解答例2 Learning is a very important process and each person has his or her own individual way of learning that best suits his or her character and abilities. For me, I've always learned best in a lecture environment.

Lectures provide the opportunity to pick up information directly from another human being who has specific knowledge and/or experience related to the subject matter. I have always found it easy to relate to another person's experiences and language. The fact that the information being conveyed has a life and a history makes it more accessible and believable for me. The language, as well, is typically less formal and more engaging in a lecture format than in a written text, for example.

One example that comes to mind was the way I learned in high school and university. I was the world's worst student when it came to taking notes or completing home-work (including reading). However, I could listen to the contents of the lecture and, for some reason, retain more from that activity than from any other types of study. I found that by concentrating on what the speaker would say I could follow his or her logic and retain an understanding of the topic that had a framework – a beginning, middle and end – that I could digest as one unit of knowledge. Through internalization of the lecture contents I often found it easy to reproduce that information – or at least the logic behind it – when it came time to take a test.

I clearly recall one teacher in high school who often got angry with me because I didn't appear to be listening in class (I was) and because I never completed my homework (I didn't). However, I regularly scored well on her exams and finished the class with a very good grade. I attribute my success in that class to my ability to listen carefully to her lectures and to make sure that I clearly understood the point she was trying to convey in her class.

解 説 自分の意見は、最初の段落の中の "For me, I've always learned best in a lecture environment." で述べています。第2段落でその理由を述べ、第3、第4段落で、より具体的な例を示しています。自分が高校生や大学生だったときの授業について、先生の講義を聞いて理解することがいかに得意であったかを説明しています。

公式 TOEIC® Speaking & Writing ガイドブック

2022 年 12 月 23 日　第 1 版第 1 刷発行
2024 年　9 月　5 日　第 1 版第 4 刷発行

著者：　　　　ETS
編集協力：　　株式会社 WIT HOUSE
本文 DTP：　　榊デザインオフィス
表紙デザイン：有限会社ダイテック
発行元：　　　一般財団法人 国際ビジネスコミュニケーション協会

〒 100-0014
東京都千代田区永田町 2-14-2
山王グランドビル
電話　050-1790-7410

印刷・製本　　シナノ印刷株式会社

Printed in Japan
ISBN 978-4-906033-66-9